川村覚文

情動、メディア、政治

不確実性の時代のカルチュラル・スタディーズ

春秋社

まえがき

本書の中心的な問題系は情動(affect)である。一九九〇年代中頃から英語圏を中心にした人文社会系の研究において情動の重要性が注目され始め、「情動論的転回」(the Affective Turn)と呼ばれるアプローチが台頭し始めた。興味深いことに、このような情動への注目は、どちらかといえばその人間主義的な響きとは裏腹に、二十一世紀に入ると、いわゆるポストヒューマンあるいはノンヒューマンと呼ばれる動向と深い関わりを持つものとして、理解されるようになってきた。メディア研究者のリチャード・グルーシンによれば、ノンヒューマン(nonhuman=非人間)という概念への関心の高まりは、人間を例外的で特権的な存在として、それ以外の存在者から二項対立的(=ヒューマン/ノンヒューマン)にとらえる態度や思考法への批判から、生じたものであるという。このような批判はとりわけ、一九七〇年代から九〇年代にかけて隆盛を誇った「言語論的転回」によるアプローチ、すなわち、世界を人間の主観=主体が構成した文化的、イデオロギー的、テクスト的な構築物であるとみなす視座へと向けられている。それに対し、ノンヒューマンへの関心は「「我々は人間であったことは一度もない」」、あるいは、人間は常にノンヒューマンとともに共進化し、共生し、あるいは協働してきた――つまり、人間とはまさに、このようにノンヒューマンからの非卓越性によって特徴付けられるものである」(Grusin 2015, p. ix)という認識へと向かう。つまり、人間とノンヒューマンとはそもそも不可分の関係にあり、その意味でノンヒューマンこそは人間を条件づけるものであるという視座のもと、世界は理解されなければならないというのである。そして、グルーシンは、このようなノンヒューマン的志向をもつ思想潮流として、アクターネットワーク・セオリーや新唯物論(ニューマテリアリズム)、思弁的実在論などとともに、情動理論(affective theory)を挙げるのである。

しかし、情動に関する理論的な考察が、なぜノンヒューマン的であるといえるのであろうか。詳しくは本書にて論じているが、それは次の二点が挙げられるであろう。一つは、個人という人間存在の基盤となるものの生成に情動が関わり、しかもその情動は非人間的なモノの存在によって触発されるからであるというものであり、もう一つは、そのような個人あるいは個体の生成において情動が関わるという現象は、人間に限らずあらゆる存在において見られるものである、ということだ。このような情動の触発による個体の生成は、ジルベール・シモンドンによって、過飽和溶液の準安定状態における衝撃を通じた結晶化として議論されており、このような衝撃こそが情動として理解できるというわけなのだ。

そして、このような情動の触発は、潜勢的な領域への介入という問題へと繋がることになる。

ここに、情動に注目することのもう一つの意義を見てとることができるであろう。既存の批判理論や権力理論において、通常、権力は現勢化のプロセスに関わるものとして理解されている。そこでは、あらかじめ特定のイデオロギーや象徴秩序へと向かうように、個人に吹き込むもしくは呼びかけることで、特定の主体へと現勢化すること以外の潜在性をあらかじめ封じてしまうものとして、権力は機能していると理解される。それに対して、情動を触発する権力とは、潜勢的な領域へと介入することで、潜在性そのものを活用するものとして、理解できるであろう。それは一度現勢化した主体や個人、あるいは個体を潜勢的な状態へと戻し、そこから新たな主体や個人／個体が生成（あるいは創発）するといった力動性そのものを捕獲せんとする権力なのである。言い換えればそれは、準安定的な状態へと差し戻すことで、再び異なった結晶化を生じさせることを目論むのだ。このような権力は、イデオロギーや象徴秩序が生じる以前の領域へと介入するという意味において、言語化された合理的思考にもとづく意思を根底から揺さぶり、そのような意思においては抑えられていたような行為を誘発するだろう。しかし、そこにはもちろん、権力によっては捕獲しきれない情動的な主体化の余地も残されているだろう。そして、ここにおいてこそ、情動を通じた抵抗の政治の可能性を見出すことができるであろう。

情動を通じた抵抗の政治においては、新たな集合的な政治の可能性を見出すことができる。これもまた、情動に注目することのさらなる意義として挙げられるであろう。情動によって触発され生成された諸個人／諸個体は、同じ情動を共有する存在として集合化されうる。しかし、その情動によって生成した諸個人／諸個体の情動の解釈は、異なったものでありうる。言い換えれば、各々異なった価値観やイデオロギー的な観点から、自身の情動を解釈することになるのである。そのため、このような集合性は、一つの集合でありつつも非全体主義的で非同質的な集合であることが可能となるのだ。本書（特に第二章）で後ほど論じるように、「創造的に変容・生成」する「個人」を核に駆動する新自由主義的資本主義への抵抗においては、まさに集合的な政治こそが必要となるであろうが、そのような集合性を構成する原理として機能するものこそ、情動なのである。

以上のような情動の問題系と、今日のメディアテクノロジーとメディア文化は、どのように交錯するのか。本書はそのような問題意識のもと、展開されていく。そこで、以下では本書の構成について簡単に説明したい。

第一章は、情動という問題系が重要となっている時代状況についての、概括的な議論である。不確実な時代といわれる今日において、情動に注目することの意義について、論じている。第二章では、情動をめぐる諸理論についての考察である。政治理論、精神分析、そして文化理論といった観点から、情動と情動による政治がどのように論じられているのか検討している。基本的にはどの章から読んでも理解可能だと思われるが、まずはこの章から読んだほうが、情動とは何かという理解が得られやすいだろう。第三章では、左派加速主義と情動の関係についての考察である。左派加速主義の目指すプログラムについて概括すると同時に、その背後にある政治理論的原理について、情動との関わりにおいて検討している。第四章と第五章は、情動をメディア文化、とりわけアニメとの関係について論じたものである。特に第四章では集合性（つまりファン＝オタクという集団）において、そして第五章では個人性・個体性において、アニメがいかに情動を触発するのか、ということについて分析している。その上で、その政治的意義についての考察を、現代のメディアテクノロジーおよび近代日本という文脈において、それぞれ試みた。最後の第六章においては、今日の社会にますます浸透していくプラットフォームについて、その権力性とそれへの抵抗の可能性について、オブジェクト指向存在論と情動といった観点から検討している。現状、オブジェクト指向存在論と情動理論の間には深い亀裂が走っているが、理論的には節合可能なものであると考える。そして、その節合を通じて開かれるポストヒューマン的メディアエコロジーへの視座こそが、プラットフォームが賦活しうる公共性を捉えることを可能にしてくれるだろう。

情動、メディア、政治——不確実性の時代のカルチュラル・スタディーズ　目次

情動、メディア、政治——不確実性の時代のカルチュラル・スタディーズ

第一章　「不確実性の時代」と情動の政治

1.「新しい暗黒の時代」としての不確実性の時代

現代イギリスのアーティスト・テクノロジストであるジェームズ・ブライドルによれば、現代は「新しい暗黒の時代」（ニュー・ダーク・エイジ）であるという。それは、「過去一世紀にわたるテクノロジーの加速は、この惑星を、この社会を、そして私たち自身を変えてしまった」（Bridle 2018＝二〇一八年、四頁）ために、この世界が「不確実性」によって支配されてしまった時代である。ブライドルは次のように言う。

テクノロジーは私たちが現在対峙している非常に困難な課題と深く結びついている。それは、多くの人を困窮させ、富裕層と貧困層のギャップを広げ続けている制御不能のシステムだ。その結果が、ナショナリズム、社会的分断、民族紛争、地下戦争が増大する世界の政治的・社会的コンセンサスの決裂だ。そして私たちみんなの実存を脅かしている気候の温暖化。

（同書、五頁）

テクノロジーがあまりにも発展してきた結果、それによって支えられている今日の様々なシステムは複雑なものとなり、それらがどのように作動しているのかも、そしてそれらの作動によってどのような結果がもたらされるのかも、理解し見通すことが大変に困難なものとなっている。その上、バタフライエフェクトの寓話にあるように、複雑化するシステムにおいては、ほんの少しの揺らめきや逸脱が、予測不可能な巨大な事象を引き起こしてしまう。社会学者ウルリッヒ・ベックによるいわゆる「リスク社会」の議論は、テクノロジーの発展によって生じる予測不可能で未曾有の脅威＝リスクの問題について論じていたが、いまや不確実性はより顕在的でありふれた問題となっている。例えば、グローバルに張り巡らされた交通システムの拡充は、エンデミックな問題を容易にパンデミックな問題へと増大させてしまう。新型コロナウィルスのような感染症がひとたび生じれば、それがどのように拡大していくのかを予測するのは非常に困難になるだろう。また、コミュニケーションネットワークの飛躍的な発展によってもたらされた情報のオーバーフローは、情報に影響された諸個人の行動を制御不可能なものにしてしまう。ネットワーク上に循環する情報が人々に様々な影響を及ぼすことで、社会の向かう方向を予測することはますます困難なものとなってしまっているのだ。

興味深いのは、資本主義とこういった不確実性との関係である。資本主義的経済システムは、生産効率を上げつつ利潤を最大化するためのテクノロジーに支えられているが、そういったテクノロジー自体がシステムの不確実性を上昇させてきた。さらには、先物取引に端を発するデリバティブという取引形態が発達するにつれ、システムの不確実性からこそ資本主義は利潤を得、拡大し続けるようになってきている。文化人類学者のアルジュン・アパデュライによれば、現代のデリバティブ取引に基づいた金融資本主義を導くものは、「不確実性の想像力」(Appadurai 2016＝二〇二〇年、七六頁)であるという。アパデュライは、「金融リスクの世界とそこに現れつつある数多くの道具や装置は、実はリスクを管理するためにではなくそれを利用して金を儲けるためにリスクを位置付け計測する、巨大な一連の手段とテクノロジーに他ならない」(同書、七七頁)と主張する。つまり、今日の経済的テクノロジーにとって「リスク」とは、堅実に利潤を得るために抑えたり避けたりするものではなく、むしろ投機的に利用して莫大な利潤を得るための契機となってしまっているということだ。しかし、アパデュライはさらに、このようなリスクにも回収不可能な不確実性こそが、現代の資本主義を支えるエートスであると主張する。その理由は、今日において最も大きな利潤を得ている人々とは、「彼ら自身の直感や経験、時機の感覚を活用することで、リスクだけを扱う自分の道具に過剰に支配された他の参加者を出し抜く」(同書、七八頁)ような存在であるからという。アパデュライは、こういった存在のことを「装置懐疑論者（device skeptics）」であると同時に「逆張り主義者（contrarian）」であると呼んでいる。このように、原理的には全く予測不可能な状況こそが、資本主義の駆動を支えているという事態が生じている。そこでは、（ジョージ・ソロスのような）ごく一部の「装置懐疑論者」兼「逆張り主義者」が莫大な富を蓄えると同時に、圧倒的多数が困窮に喘ぐというという状況が生み出されてきたのである。

このような状況を鑑みれば、文化批評家のマーク・フィッシャーによる「資本主義リアリズム」への批判は、不確実性が支配する状況の中で、資本主義は唯一確実に存在し続けるものとして信仰／信頼されているということを指摘したものとして理解できるだろう。フィッシャーによれば、「資本主義は、ジョン・カーペンターが監督した同名の映画に登場する「物体X」と似ているように思える。接触したものすべてを吸収・代謝することのできる、変幻自在かつ怪物的な存在だ。ドゥルーズ＝ガタリいわく、資本とは「これまで信じられてきたものの一切を寄せ集めた雑色の絵」、いわば超近代と古代の奇妙なハイブリッド」（Fisher 2009＝二〇一八年、二〇頁）なのだ。フィッシャーが「資本主義リアリズム」の意味を的確に捉えているとする「資本主義の終わりより、世界の終わりを想像する方がたやすい」という言葉は、（人間の）世界はどうなるかわからないが、資本主義が残り続けることは確実であるという感覚を指すものとして、理解可能であろう。

そして、このような資本主義の拡大とテクノロジーの発展によって、今日の気候変動の問題は生じている。いわゆる人新世の問題だ。[1] 当初、テクノロジーの発展は気候変動の予測を可能にしてくれるものであった。有史以来、様々な文明が蓄積してきたパターンとサイクル、そしてテクノロジーによって支えられた様々な観察をもとに分析し計算することで、予測可能性は増大してきたのである。しかし、商業資本主義が搾取をグローバルに行うことができる体制を整えたのち、その体制のもとでの産業資本主義とそれを支えるテクノロジーの発展によって、炭素ガスの増大による温暖化などのさまざまな環境破壊がもたらされた結果、「生態系が壊れ出し、一〇〇年に一度の嵐にくり返し襲われるにつれ、私たちは予測を維持していく能力を失いつつある」（Bridle 2018＝二〇一八年、八五頁）。言い換えれば、科学史家のクリストフ・ボヌイユとジャン＝バティスト・フレソズが指摘するように、「産業発展モデルとその物質・エネルギーの相互作用は地球の地質学的な軌道を歪ませたと同時に、資本主義的な世界システムの歴史、生態学的に不平等な交換の歴史、植民地主義や帝国主義、搾取や低開発の歴史とは切っても切り離せない関係にある」（Bonneuil & Fressoz 2016＝二〇一八年、二七七頁）のだ。

さらに資本主義は、我々のコミュニケーションの大半を、テクノロジーに委ねるように仕向けてきた。特に、コミュニケーションネットワークを支えているデジタルメディアテクノロジーの発展と相俟って、ビッグテックは常時ネットワークに繋がれてなければならないと感じるような強迫観念を、我々に植え付けた。そして、そこでも我々は、不確実性に晒されることになる。「インターネットで入手できる、有り余るほどの情報と多数の世界観は、首尾一貫したリアリティを生み出せず、原理主義の簡素な語りの主張と、陰謀論と、ポスト事実の政治とに引き裂かれている」（Bridle 2018＝二〇一八年、一四－一五頁）からだ。果てしない増大を続ける情報は個人の処理能力の限界を超えてしまう一方で、個人に代わって情報のオーバーフローをよりよく処理してくれるはずのテクノロジーはその実、個々人にとって都合のよい情報だけを提供する装置となり、その結果いつの間にか世界は分断され、我々は「我々」にとっての未来を想像することが困難になってしまっているのである。

2．情動のテクノロジーとAI信仰

このように、不確実性が果てしなく上昇する「新しい暗黒の時代」においては、もはや確実性をどのように見出すべきかという合理的思考が顧みられなくなるか、あるいは確実性をあたかも人間に代わって担保してくれるかのように見えるものへの過剰な期待が見られるようになる。そして、前者によって生じているのは情動の前景化という状況であり、後者のような事態の典型こそは、ＡＩへの信仰という状況であるといえよう。

なぜ情動が前景化するのか。この背景には、再帰性（reflexivity）の上昇という問題が関わっている。ベックによれば、「リスク社会においては、科学技術や工業の発達が引き起こす脅威の予見不可能性の認識は、社会的凝集性の基盤に対する自己省察と、世間一般の通念と「合理性」の基盤に対する検討、吟味を余儀なく」（Beck 1994＝一九九七年、二二頁）させるという。科学に基づいたテクノロジーの発展によってリスクが高まるのだとすれば、それを避けるためには、なぜ、どういったリスクが高まるのか、といったことを考える必要があるだろう。しかも、それは科学に基づいて、科学に基づいたテクノロジーを反省するという、自己省察（self-reflection）的、つまり再帰的な（reflexive）反省となるだろう。このように、現代社会における不確実性の高まりに比例して、その不確実性を生じさせてしまう科学テクノロジーの合理性についての科学的反省という、再帰的プロセスが無限に増大していくことになる。しかし、問題はこのような再帰的反省が困難を抱え込むことにある。なぜなら、社会学者の大澤真幸が指摘するように、「科学的知識が蓄積されればされるほど、危険性についての判断や対応策についての提言が両極に分散していく」（大澤 二〇一五年、七六頁）からだ。この結果として、我々は未来を予測することがますます難しくなる。ここで、この問題をより詳しく分析し、さらに情動との関係を考察するために、アメリカの政治学者ジョディ・ディーン（2010）の議論を参照してみよう。

ディーンもまた、ベックの議論を参照しつつ、科学テクノロジーの発展に伴う再帰性の上昇が、現代社会に不確実性をもたらしていることを指摘する。科学知識は新しいリスクと不確実性を生み出している。その理由は、科学知識は明晰な答えを与えてくれるのではなく、むしろ次々と新しい問いを生じさせてしまい、我々に「いまだ知られざる未知」（unknown unknowns）の存在と、そういった「未知」なるものこそが、大規模で予測不可能な結果を我々にもたらしてしまうということを認識させるからだ。このようなものの例として、ディーンは、欧州原子核研究機構（CERN）における大型ハドロン衝突型加速器での実験をめぐる論争に注目する（Ibid., p. 10）。この加速器をめぐって、ドイツの著名な科学者であるオットー・レスラーが、その使用開始差し止めの命令を発行するよう欧州人権裁判所に求めていたが、その理由は、加速器にはらまれるリスクは大変深刻なものであり、そこで生み出されるブラックホールのミニチュアは地球を破壊する可能性すらあるというものであった。それに対するCERNの回答は、細かくいえば確かに地球を即座に死滅させるような仮説的な粒子（ストレンジレット）を生じさせる可能性はあるかもしれないが、それでもブラックホールの問題は想定されうるようなリスクではない、というものであった。このような、いかに確率的に低いとはいえ、あまりにも極端な影響が生じる可能性が否定できない状況では、再帰性はうまく機能しなくなる。レスラーの批判を受け入れたほうがいいのか、それともCERNの言い分を信じれば良いのか、どちらのほうが合理的なのか、実際に何が起こるかわからない以上、判断できないからだ（しかも、もしかしたら『STEINS;GATE』のように、CERNは公にできない秘密を隠している可能性もなくはないだろう）。このような状況は科学的な知識が発展すればするほど、言い換えれば情報が多くなればなるほど、生じうる。つまり、「情報の過剰は、手元で問題になっていることに最も関係する情報の欠如へと、転化してしまう」（Ibid., p. 11）のである。

科学的知識の増大という意味でも、コミュニケーションネットワークの発展という意味でも、我々は果てしなく溢れる情報の海の中におり、その結果、再帰性の上昇による合理的な判断の不全が生じている。ディーンが主張するように、「電子的に媒介されている主体性という現代的な状況は、無限に懐疑が亢進するという状況、つまり究極の再帰化という状況である。そこには、自分が考慮していなかった別の選択、リンク、意見、ニュアンス、あるいは偶有性が常に存在している」(Ibid., p. 6) のだ。このような状況においては、何を言おうともあらゆることが懐疑に晒され、「それってあなたの感想ですよね (It's just your opinion!)」(Ibid.) で片付けられてしまう。その結果、優れているというわけではないが、少なくとも何らかの妥当な状態に事態を持っていくための基準を決める可能性すら、あらかじめ閉じられてしまっているのである。ディーンによれば、こういった状況は「象徴機能の衰退」として理解できるという。スラヴォイ・ジジェクの議論を参照しつつ、ラカン派精神分析の論理に基づいて、それは「主人のシニフィアン」がもはや存在しない状況である、とディーンは説明している。「主人のシニフィアン」とは、様々なシニフィアンの連鎖を編み合わせることで、意味作用の安定化を可能にするものである。それは、無意識のレベルで我々の論理や価値を規定する、社会的な規範の根拠のことであり、いわゆる「象徴界」を支えるものなのだ。それゆえ、コミュニケーションにおける意味の伝達は、「主人のシニフィアン」の存在によって保証されているのである。しかし、それが欠如してしまうと、意味の伝達が不可能となってしまい、コミュニケーション不全に陥ってしまう。ディーンによれば、こういった状態はインターネット上のブログをめぐってしばしば見られるものであるという。すなわち、「時としてブログや投稿メッセージについて、それがいつ皮肉であり、いつ正直なものなのか、いつ冗談であり、いつ真面目なものなのか、理解するのが難しいことがある。内輪的には明らかな表現の用語や様式が、たまたまそのブログを見ただけの人にとっては、衝撃であったり、侮蔑であったり、もしくは激怒させたりするものになりうるのだ」(Ibid., p. 5)。

さらに続けて、ディーンは主張する。「こういった不確実性、つまり予期しない意味が生じるという潜在性は、特有の情動的な強度をもたらす」(Ibid.)のだ、と。つまり、意味に代わって情動の交換が、コミュニケーションにおいて前景化するということだ。「象徴機能の衰退」あるいは「主人のシニフィアン」の欠如のせいで意味伝達が不可能となった状況では、意味を理解しようとする以前の、つまり思考すること以前の反応が優位となってしまう。それは、例えば何らかのイメージから受けた印象あるいは衝撃への、反射的(reflexive!)で身体的な反応のようなものだ。実際、「象徴機能が衰退するに従い、イメージや情動的な強度はよりいっそう力強く、重要で、効果的なものとなるだろう。一つの写真は千の言葉に匹敵する」(Ibid., p. 6)ものとなるのだ。そして、このような反射的で身体的な反応こそが、情動である。したがって、今日のコミュニケーションネットワークは、飽くなき情動が循環する空間であるということになる。ディーンは次のように主張する。「ブログ、ソーシャル・ネットワーク、ツイッター、YouTube。これらは、一つの結合的技術として、情動を生産し、循環させる。情動、あるいはラカン的用語における享楽とは、以下のものから生じる。再帰的なコミュニケーションから、コミュニケーションそれ自体のためのコミュニケーションから、コメントと注釈とリンクの終わりのない循環運動、つまり新しいフレンドとフォロワーを参加させ、無数のコミュニケーションプラットフォームとデバイスを層化し相互に連結させるものから、である」（Ibid., p. 95）。ここに、情動の前景化という、今日的状況を確認することができよう。今日の、電子化されたコミュニケーションネットワークの発展それ自体が、情報のオーバーフローによる再帰性のこれまでにない上昇をもたらす。それによって「象徴機能の衰退」に拍車がかかり、合理的な思考は後景に退き、情動的反応を前景化させる。そしてその結果、コミュニケーションネットワークはプラットフォームを通じて構成される、無限の情動的循環回路となってしまうのである。

このような情動の前景化の一方で、確実性を希求する強い社会的志向も存在する。それこそが、今日ますます強まるように見える、ＡＩに対する「信仰」であるといえよう。事実、二〇一〇年代半ばより続く第三次ＡＩブームは、不確実性への処方箋としてのＡＩに対する期待の大きさを表していると考えられる。未来学者レイ・カーツワイルによる「シンギュラリティ仮説」(2)や、映画『トランセンデンス』など、ＡＩすなわち人工知能が、人間の知能を超える時が来るという主張やイメージは、今や一定のリアリティのあるものとして受容されつつあるように見える。人間を超えた人工知能が、人間の知能では予測や処理が追いつかない、あるいは効率的に解決できない諸問題を、人間に成り代わってうまく対処してくれるようになるだろうという主張は、もはやありふれたものですらある。人間の知能にとっては不確実なことでも、人間を超えた人工知能にとっては確実性のもとで捉えられるはず、というわけだ。しかし、果たしてそのようにうまく行くのであろうか。

マルクス主義メディア理論研究者のニック・ダイヤー＝ワイスフォード、エートル・ミッコラ・キヨーセン、ジェイムズ・スタインホフら（Dyer-Witheford & Kjøsen & Steinhoff 2019）によれば、人工知能研究の方向性としては、大きく三つのカテゴリーがあるという。すなわち、特化型人工知能（narrow AI）、汎用人工知能（artificial general intelligence/AGI）、そして人工超知能（artificial superintelligence/ASI）である。今日において実用化されているのは、特化型人工知能のみであり、それ以外のものはいまだ思弁的・推測的なものにとどまっているのが現状である。特化型人工知能とＡＧＩの違いは、前者は特定のタスクだけを担うものであるのに対して、後者は領域横断的な最適化能力を持ち、一つの領域で学んだことを他の領域へと応用できる能力を持つものであるという。つまりＡＧＩとは、すでに学んだことを新しい状況へと応用できるという、より広い文脈に対応する能力を持つ人工知能であり、その意味ではより人間的な知能に近いもの、あるいは「人間と同等の機械的知能」（human-level machine intelligence/HLMI）であると言えるだろう。ただ、このようなＡＧＩを「人間と同等の知能（HLMI）」と捉えることは、その可能性を正しく評価することができないとダイヤー＝ワイスフォードらは主張する。それは、技術哲学者のベンジャミン・ブラットンが言うように、「人間の知能をもって全ての知能の形態の可能性を尽くすことは端的に言ってできない」からであり、その理由は「我々の宇宙においては、「思考する」ということについて、我々特有のケース以上の、より多様で、異星人的なものすらある、と想定することの方がより理にかなっている」(Ibid., p. 112) からであるという。このように、むしろＡＧＩは非人間中心主義的な知能観から捉えられることで、人間の知能とは異質の可能性をもつものとして理解されうるというのである。

そして、このようなＡＧＩが登場すれば、それは直ちにＡＳＩへと進化するだろう、と主張する論者達がいる。例えば、オックスフォード大学の人間の未来研究所のニック・ボストロムなどだ。彼らによれば、「ＡＧＩは自己書き換え能力を得、そして予測不可能な力とともに神のようなＡＳＩへと進化する」(Ibid., p. 11) という。カーツワイルやボストロムによれば、「ＡＧＩは再帰的な自己改良プロセスを通して創発しうるものであり、そのプロセスにおいてＡＩは、自分自身の設計にアクセスしそれをアップグレードする能力を保持しながら、自分自身を改良もしくは全く新しいヴァージョンへと作り替えるのであって、それは同じように自分自身を繰り返し改良することを無限に続けることになる」(Ibid., p. 129) という。そして、このような自己改良のプロセスは加速していき、ついには人間の知能を超えたＡＳＩの登場へと至ると彼らは主張する。つまり、原理的にＡＧＩの出現はＡＳＩの出現を必然的にもたらす、というわけなのだ。

このようなAGIやASIについては、その実現可能性自体をめぐって、否定的・肯定的それぞれの立場から議論がなされている。もちろん、そもそも実現不可能なのであるのならば、AIが確実性をもたらしてくれるという信仰自体が、その基盤を失ってしまうだろう。とはいえ、ベンチャー企業や公的機関から研究・開発資金を得ることができるほどには――Google-AlphabetによるDeepMind、イーロン・マスクらによるOpenAI、EUによるHuman Brain Projectなど――、AGIは信憑性のあるものとして捉えられているようである（Ibid., p. 113）。しかし仮にAGIやASIが可能だとしても、それは我々に確実性をもたらしてくれるのであろうか。残念ながら、事態はそうならないように思われる。その理由はいくつか考えられるが、しかし、最も重要な問題としては、資本主義世界におけるAGIの本格的な普及は、余剰人口を固定化してしまう、という点を挙げることができるだろう。すでに特化型人工知能が、その普及によって労働やサービスの自動化を進めており、その結果「多くの種類の仕事を変化あるいは廃絶させせつつある」（Ibid., p. 69）ため、雇用をめぐる環境は不安定かつ格差の激しいものとなっている。例えば、特化型人工知能は「ハイエンドとローエンドの仕事の間の分極化」（Ibid., p. 94）を増大させ、ごく少数の高給取りのITワーカーと、AIアルゴリズムによって管理され監視される大多数の非正規非熟練労働者という分断――これはしばしば人種的かつジェンダー的な偏りを見せている――を生じさせてしまっており、このような分断は世界により多くの不安定さをもたらすだろう。そして、もしもＡＧＩが実現されれば、それは人間の完全な代わりとなってしまうことが容易に予想される。その結果、ダイヤー＝ワイスフォードらが主張するように、余剰「人口は絶対的なものになってしまい、価値の価値増殖にとって時代遅れになってしまった人類と同一の外延をもつものとなるだろう」（Ibid., p. 144）。つまり、雇用から完全に疎外された、潜在的な労働者予備軍ですらない一連の人々の集団が、生み出されてしまうということだ。そのような、自分たちの生自体をどのようにすれば維持可能なのか全く予測できない人々が、無数に生み出される状況において、世界に確実性がもたらされていると考えることは到底できないであろう。

情動の前景化にせよ、ＡＩへの信仰にせよ、それらは不確実性を背景に、テクノロジーへの依存へと我々を導いてしまう。そして、その結果もたらされるのは惨憺たる状況だ。ネットにおける情動的反応の応酬と、それによって生じる政治的な分断的状況や特定の個人や集団へのリンチ的状況。あるいはＡＩアルゴリズムの社会的実装に伴う、労働やサービスの自動化の促進と、多くの労働者のプレカリアート化と余剰人口化。結局、我々はテクノロジーによってさらなる不確実性へと導かれてしまっているように見える。そして、その中で資本主義だけが――ＡＩを利用・開発するビッグテック＝プラットフォーム企業を中心として――、確実に残っていくだろう。さらには、国家による統治はこのようなテクノロジーを利用して、ますます巧妙なものとなっていくと同時に、その巧妙さをもってその統治を正当化することだろう。だとすれば、このようなテクノロジーによるますますの不確実性への導きと、そのような不確実性を利用して搾取し続ける資本主義、そしてテクノロジーを利用する国家の統治性に対して、どのようにすれば対抗可能なのか、これまでと異なる形で構想する必要があるだろう。そして、そのためには、テクノロジーが確実性をもたらしてくれるという期待（幻想）を捨て、むしろテクノロジーの発展とともに明らかとなってきた、世界の不確実性に向き合う必要があるだろう。言い換えれば、テクノロジーによってもたらされる不確実性は、テクノロジーの発展が十分ではないからではなく、そもそも世界は不確実だからこそ、テクノロジーによって確実性をもたらすことは不可能であると認めねばならない、ということだ。これは、世界は不確実であるから絶望せよということではない。むしろ、不確実であるからこそ、そこにテクノロジー、資本主義、そして国家による導きとは異なる可能性、つまり希望を見出すということの可能性が存在する、ということなのだ。

3. テクノロジーの両義性

ここで、再びブライドルを参照しよう。彼によれば、テクノロジーによる不確実性の上昇といった事態は、「世界の蒙を啓こうと意図したことが、実際には世界を暗黒へと導いている」(Bridle 2018＝二〇一八年、一四頁) 状況であるという。このような、「より多くの知が――より多くの情報が――より良い決定へと導く」（同上）はずの啓蒙思想がもたらす逆説的状況は、すでに偉大な先人によって批判されてきている。アドルノとホルクハイマーによる『啓蒙の弁証法』である。一九四七年に発表された本書では、「人間を自然の暴力から連れ出す一歩ごとに、人間に対する体制の暴力が増大してくるという状況の不条理さは、理性的社会の理性を、陳腐なものに過ぎないとして告発する」（Horkheimer & Adorno 1947＝二〇〇七年、八二頁）と述べられており、進歩へと向かうはずの啓蒙思想の自己崩壊が鋭く分析されていた。しかし、ブライドルによる「新しい暗黒の時代」の分析には、アドルノたちに漂うほどの悲観的なトーンは感じられない。なぜなら、「私たちは暗黒を危険な場所、死の場所だとすら考えるように教え込まれてきた。だが暗黒は自由と可能性の場所でも、平等の場所でもある」（Bridle 2018＝二〇一八年、二〇頁）とブライドルは主張しているからだ。ここでは、不確実性自体に一つの希望が見出されていると同時に、テクノロジー自体が両義性を持つものとして捉えられている。「気候変動のように世界中に広がっている」テクノロジーの「影響は大惨事になりうる」一方で、啓蒙思想とは異なった「世界観の再考もまた、テクノロジーの開発とともに出現する」（同書、一九―二〇頁）という。啓蒙思想によれば、テクノロジーの発展は、この世界の自然秩序を解き明かしつつ支配することで、確実性を高めてくれるはずであった。しかし、実際には不確実性こそが高まっているのであり、それこそがテクノロジーを前にして我々が気づくべき世界のあり方、「より真実の世界のモデル」（同上）なのだ。つまり、世界とはそもそも「複雑で競争に満ち、矛盾した状況にある」不確実なものであり、今日では「私たちが愚かにも、ものごとの自然の秩序だと思うようになったものを覆し」（同上）つつあるテクノロジーによって、そのことを改めて考える契機が与えられているというわけなのだ。そして、このような不確実性の気づきの中に、自由と可能性は存在するというのである。

このようなブライドルの主張の一方で、ハイパー啓蒙主義的な立場が存在する。それによると、不確実性はテクノロジーの発展が未だ未熟なせいであり、だからこそ、より徹底したテクノロジーの進歩を推し進めれば、不確実性は乗り越えられるという。そのような立場を、ブライドルはプロメテウス主義（プロメテアニズム）として批判する。ギリシア神話によれば、プロメテウスはエピメテウスの兄であり、弟が人間に与えるはずであった能力を与え損ねたため、その過失を補うべく神々から火と技術的知を盗み、人間に分け与えたのであった。このように、プロメテウスの神話においては、技術は自然を支配するための力として人間に与えられたものであり、今日のテクノロジーによる不確実性の克服もまた、この神話の延長上にあるものとして、理解できるというわけだ。ブライドルによれば、プロメテウス主義的な見解は、現代の複雑化した「テクノロジーを掌握し制御する、かつてない少数の人々の手に権力を集中させる一方で、計算的知識に関する根本的な問題を認識できていない」（同書、一五五頁）という[3]。なぜなら、プロメテウス主義は、より多くのデータをもとに計算すれば、より正しい解決が導き出されるという「計算論的思考」によって支えられているが、このような思考は世界の不確実性という実情を捉えられていないからだ。

ブライドルによれば、新しい暗黒の時代におけるテクノロジーを考察するために必要なのは、エピメテウス的知でも、プロメテウス的知でもないという。そもそも、エピメテウスとは「ギリシャ語の「学ぶこと」＝メティシと「事実の後」＝エピを組み合わせたもの」（同書、一五六頁）であり、「後知恵」の神を意味している。同様にプロメテウスもまた、プロ「＝前の」メテウスであり、それは「先見の明」の神を意味している。ブライドルによれば、エピメテウスの司る「後知恵は、忘れっぽさ、間違い、愚かさの具体的産物」（同上）であり、そしてプロメテウスは「先見の明はあるが、それに伴うべきであろう知恵がない。それは期待でしかない」（同書、一五七頁）という。そのため、エピメテウスとは、そこから後知恵的かつ統計的にのみにしか正しさを証明できないビッグデータの神であり、一方、プロメテウスとは、未来への期待や欲望をもとに駆動するテクノロジーの神であるが、しかしそれは結局既存の支配秩序の加速にしか帰着し得ない、と彼は主張する。そして、これらに対してブライドルが「新たなる暗黒時代の案内役」（同上）として注目するのは、第三の神としてのヘルメスである。彼は次のようにいう。

ヘルメスはビジョンや激しい衝動に縛られるのではなく、その瞬間その瞬間で考えている。言語と発話を明らかにする者ヘルメスは、あらゆるもののあいまいさと不確実性を強く主張する。テクノロジーの解釈学あるいはヘルメス的理性は、現実はそんなに単純ではなく、常に意味の向こうにはまた意味があり、答えは複数あり、競い合い、無限かもしれないことを指摘することで、その知覚されたエラーを説明づけるかもしれない。

（同上）

ヘルメスはゼウスの子であり、その複雑なキャラクターにおいて知られる。言い換えれば、ヘルメスは予測不可能で不確実な存在であるということだ。だからこそ、エピメテウス的理解、もしくはプロメテウス的理解では、世界の不確実性は理解できず、テクノロジーの持つ両義性も把握できないが、ヘルメス的知こそは世界の不確実性のもとで展開されるテクノロジーの行く末と、その両義性について考察する可能性を与えてくれるものである、というわけなのだ。

ところで、プロメテウス主義という言葉は、すでに確認したようにギリシア神話に由来する（もちろん、ヘルメスもだ）。プロメテウスの神話は技術の起源をめぐるものであり、だからこそヨーロッパ的知的伝統におけるテクノロジー言説では常に参照され続けてきている。しかし、いわゆる批判理論(4)においてもしばしば見られる、こういったギリシア神話への立ち返り――『啓蒙の弁証法』もまた、ホメロスの叙事詩『オデュッセイア』を参照していた――は、あまりにも西欧中心主義的すぎるとも考えられるのではないだろうか。現代香港の哲学者ユク・ホイが指摘するように、「普遍的なプロメテウス主義を仮定することで、ひとは当然のようにすべての文化がギリシアに起源をもつテクネーから生じるものと考えてしまう」（Hui 2017＝二〇二二年、四四－四五頁）が、テクノロジーや資本主義が生み出す問題への批判や抵抗として考え出されたものにおいて、もしも「まるでプロメテウスが普遍的な文化的人物像であるかのようにグローバルに適用されるなら、それはより巧妙なかたちの植民地主義を永続化させるおそれがある」（同書、四二頁）だろう。つまり、支配するテクノロジーの側か、支配される自然の側か、という二者択一しか存在しないことになってしまう。だとすれば、プロメテウスの神話に対抗するため、それに代わるテクノロジーの起源を我々はどのように求めることができるのだろうか。

例えば、火をめぐっては東アジアにおいて様々な神話的形象が存在する。ホイが検討している中国神話以外にも、琉球における火ヌ神（ひぬかん）、古事記におけるカグツチ、あるいは真言密教における――その系譜がゾロアスター教におけるアフラ＝マズダにまで遡れるという――大日如来など。興味深いのは、これらの形象は火の持つ両義性を具現化しているということである。例えば、大日如来は法界体性智という絶対的な智慧を象徴する存在であると同時に、戦乱の神であるアスラ（*Asura*＝阿修羅）族の長ヴィローチャナ（*Virocana*）――大日如来のサンスクリット原語はマハーヴァイローチャナ（*Mahāvairocana*）である――をそのルーツに持つと言われる。(5) それは、我々にこの世界を理解するための知を与えてくれる存在であると同時に、もともとは災厄を与える存在でもあったのだとも考えられよう。とはいえ、このような

「いわゆる」東アジア的な起源を求めたとしても（それがそもそも異種混淆的であるという事実をさしおいたとして）、それを西欧的なテクノロジー起源神話への対抗として提出することが、果たして批判的な意味をもつのだろうか。それは結局、「両義的な神性」を祀る信仰的な生活を「東アジアの精神性」として称揚する、逆立ちしたオリエンタリズムに陥るだけではないだろうか。言い換えれば、東アジア的精神の方がプロメテウス主義に比べてよく世界を理解している――つまり世界についてのより確実な知を保持している――という、精神的な優位性を措定し本質化するに過ぎなくなってしまうだろう。

むしろ重要なことは、非西欧地域に住まう我々も、もはや不可逆的に近代化されており、その近代的な視座を通してのみ、いわゆる「伝統的な精神性」や「文化」なるものを見出すことが可能になっているということを、認めることではないだろうか。酒井直樹（一九九七年）の指摘する、「対―形象化の図式[6]」が内面化された時代以後の世界に我々は生きているのだ。そして、そのような世界にあるという自覚とともに、確実性をもたらすと僭称する一切の知を批判することこそが、非西欧的な精神的・知的伝統を現代への批判的介入に活かし、西欧中心主義的なプロメテウス主義（とその鏡像としての東アジア精神主義）への抵抗へと、繋げる道筋なのではないだろうか。

4. テクノロジーと真理

テクノロジーを両義的なものであるとみなすことは、ハイデガー的な視点からテクノロジーを解釈するということとしても理解できるだろう。周知のように、ハイデガーは「技術への問い」において、近代的テクノロジーの本質を「集立」(Gestell)であると批判しつつ、両義的なものであると主張した。ハイデガーによれば、テクノロジーとは未だ現前していないものを現前させるもの、〈こちらへと―前へと―もたらす〉もの、すなわち「伏蔵」しているものを「開蔵」させるものとして捉えられるが、近代的テクノロジーの特徴とは、その「開蔵」を一種の挑発として展開させるところにあるのだという。ハイデガーはいう。

現代技術をくまなく支配している開蔵は、挑発という意味での調達の性格を持っている。このような挑発が起こるのは、自然の中に伏蔵されたエネルギーが掘り当てられ、掘り当てられたものが作り変えられ、作り変えられたものが貯蔵され、貯蔵されたものがさらに分配され、分配されたものがあらためて転換されることによる。〔……〕いたるところで求められているのは、即座に使えるように手許にあること、しかもそれ自体さらなる用立てのために用立てられうるようにあることである。そのように用立てられたものにはそれに固有のあり方がある。われわれはそれを用象と名づけよう。

(Heidegger 1954＝二〇〇九年、二六―二七頁)

ここでいう挑発とは、近代的テクノロジーによって自然に「伏蔵」しているさまざまな資源やエネルギーが「調達」され、そして特定の可能性に向かって常に「用立て」られるように、準備させられていることを意味している。そして、このような挑発のために最も用立てられている存在こそ、人間であるという。なぜなら、このようなテクノロジーが作動するためには、人間の労働力が必要とされているからだ。「まさに人間は自然エネルギーよりもいっそう根源的に用立てへと挑発されている」(同書、二九頁)のである。そして、「それ自体を開蔵するものを用象として用立てるように人間を収集するあの挑発しつつ呼びかけ、要求するもの」(同書、三一頁)を「集立」とハイデガーは名付けるのである。このような近代的テクノロジーの「集立」が問題なのは、そこにおいては人間のためにテクノロジーが存在するのではなく、テクノロジーのために人間が存在するという事態が生じているからだ。人間は、テクノロジーによって特定の用立てに向かうように、常に「人的資源」として「呼びかけ」られ「導かれて」いるのである。とはいえ、人間のために、つまり人間の立てた目的に従属するものとしてテクノロジーは本来存在するという考えは、ハイデガーによれば誤りであるという。ハイデガーは、テクノロジーは道具的あるいは手段的なものとしてそもそも「誤解」されてきたのであり、この背後には、道具を生じさせる生産者を「動力因」として、道具＝テクノロジーを規定する原因の中心に据えてきたという事情があると主張する。つまり、道具＝テクノロジーは、それを生産した生産者が念頭に置いている目的のために、生産されたものである、というように理解されてきたというわけだ。ここでは、テクノロジーの「目的因」は、「動力因」にそのまま繋げられている。それに対し、ハイデガーが主張するのは、テクノロジーの語源となったテクネーとはそもそも「真理を認識すること」（アレーテウエイン）であるということだ。つまり、テクノロジーとは外在的に持って来られた目的に従属するものではなく、それ自体において真理を明らかにし、その真理自体を目的とするものなのである。つまり、テクノロジーとは本来的に「アレーテイア」、「すなわち真理が生起する領域」（同書、二二頁）であり、それこそがテクノロジーの「目的因」なのである。[7] それゆえ、テクノロジーにおいて人間はこの真理によって呼びかけられ、導かれているのであり、そこにこそテクノロジーの両義性が見出されるのだ。「技術の本質は、ある高い意味で、両義的なものである。そのような両義性は、あらゆる開蔵の、すなわち真理の秘密へと指図する」（同書、五四頁）。

この両義性への考察を発展させるために、ここではさらにミシェル・フーコーの議論を参照したい。フーコーもまた、テクノロジーを真理との関係において捉えており、そしてこのような関係性に支えられたものの典型例として、国家理性における統治性の問題を挙げている。フーコーは次のようにいう。

「国家理性」は「技法」、すなわち一定の規則に従う技術であると考えられている。それらの規則は単に習慣だとか伝統に関するものであるだけでなく、一定の合理的認識にも関するものである。今日では「国家理性」という言い方は恣意性や暴力を喚起することの方がずっと多いのだが、この時代には国家を統治する技法に固有な合理性を意味していたのです。それでは、この統治の技法はその存在理由をどこから引き出してくるのか。〔……〕統治の技法は、それが統治されるものの本性、換言すれば、国家それ自体の本性にかなったものであるかぎりにおいて合理的であるとされるのです。

(Foucault 1988＝二〇〇六年、四一二頁)

国家理性とは、もともと合理的に見出された規則にしたがう統治のテクノロジーを意味していた。そしてこの合理性とは、統治の対象から見出されるもの、ハイデガー的な言い方をすれば「開蔵」されるべきものであったのだ。言い換えれば、統治の対象は統治のテクノロジーが従うべき「真理」を「伏蔵」しているのであり、これを明らかにすることによって、統治テクノロジーはその「合理的」な「存在理由」を得ることができるのだ。こういった、真理に支えられた統治対象と統治テクノロジーの関係を、フーコーは「真理陳述の体制」と呼び、次のように主張する。

真理陳述の体制とは、真理のある種の法則のことではありません。［そうではなくて］それは、一つの言説に関して、そこにおいて真ないし偽として特徴づけられうることになる言表とはいったいどのようなものであるのかを定めることを可能にするような、諸規則の総体のことなのです。

（Foucault 2004＝二〇〇八年、四四頁）

ここで重要なことは、真理もまた規則とそれに基づいたテクノロジーによって見出されるものである、ということだ。この意味で、統治対象の真理と統治テクノロジーは決して外在的な関係性ではない。統治テクノロジーが従うべき統治対象の真理＝合理性＝規則とは、統治テクノロジーそのものによって見出されるものなのだ。ここに、ハイデガーによる、真理を認識するものとしてのテクネーという理解との一致が見られるだろう。テクノロジーは自然法則などのテクノロジー外の真理に基づくのではなく、かえって真理はテクノロジーによって産出されるのだ。フーコーによれば、このような統治テクノロジーの典型として考えられるのが、「国家《ステイト》学」としての統計学《スタティスティクス》（Foucault 1988＝二〇〇六年、四一六頁）である。統計学としての国家学は、統計のための算術的諸規則にもとづき、国家の真理――国家の構成要素がどのような状態にあるのかという情報に基づいた国の勢い――を明らかにする。そして、そのような諸規則に基づいて得られた統計的真理にもとづき、国家を合理的に統治することで、その統治の正当性を得るのである。

今日では、このような「真理陳述の体制」に基づいたテクノロジーがいたるところで実装されているのを、見ることができるであろう。その典型的なものがコミュニケーションネットワーク上におけるプラットフォームとそこに実装されているアルゴリズムである。そこではプラットフォームを通じてユーザーがどのようにコミュニケーションを行なっているのかが統計的に処理され、その結果ユーザーのニーズに一致すると推定される情報を計算し、それに基づいてユーザーの活動を導き、管理するということが行われている。プラットフォームでは、ユーザーの真理が明らかにされ、それに基づいてユーザーは合理的に統治されるのである。ここに、「集立」としてのテクノロジーによってもたらされる危機が見出されるであろう。つまり、テクノロジーにとって我々は、その正当化のための資源であると同時に、テクノロジーによって管理される資源でもあるということだ。

しかし、ここで注意しなければならないのは、このような真理自体が産出されたもの、つまりテクノロジーによって生産されたものである、ということである。テクノロジーは客観的に見出される確実性を実現すべく作動しているのではなく、なぜそうなるのかはよくわからないが、そうなる可能性は高いということを正当化する算術的規則に従って、確実性を生産している。言い換えれば、それは本質的に不確実な世界を特定の仕方で囲い込むことで、確実性なるものを生産しているということであり、その確実性は決して保証付きのものではないのだ。メディア研究者のジャスティン・ジョークは、統計を利用した今日のテクノロジーについて、次のように述べている。

ニューラルネットワークなどの機械学習アルゴリズムは、コンピューターが一瞬の相関関係にすぎない抽象化を作り出すことを可能にしている。特定の消費者に、ある時には、ある属性に基づいた商品が推奨され、新しいデータが得られると、次は別の属性に基づいた推奨がなされる。〔……〕そして、人は、検索エンジンのランキングを常に最適化しようとするコンテンツ製作者のように、アルゴリズムが計算する内容に従って行動しなければならない。主観と客観はお互いますます似てきて、主観も客観もある意味で自由にはなるが、システムの法則に従うのみとなる。したがって、この自由はその反対物となる。つまり、これらの客観―抽象化が私たちに要求するものを、選択する自由ということだ。企業や研究者は、抽象化の自由を利用して、一見バラバラに見えるデータを使ってアルゴリズムを実行させ、なぜ相関関係があるのかわからないまま、何十億ものデータの記録に真実と価値を与える。企業や研究者は、そこには相関関係があるということと、「客観的に」それに従うことを選択しなければならないということだけを知っている。

(Joque 2022＝二〇二二年、一九七―一九九頁)(8)

つまり、統計的テクノロジーとは、「抽象化」のプロセスをへて「客観的」なるものを生産するのである。しかし、その「客観」はなぜ担保されるのか、その理由は全くわからないというわけだ。その意味で、この「客観」は不確実なものである。にもかかわらず、我々はこの「客観」に従い、しかもそれを「自由」であるかのように感じるように、テクノロジーによって導かれているのだ。

そして、このような「真理陳述の体制」に基づいたテクノロジーによる導きへの抵抗もまた、テクノロジーを通じてその可能性が生み出される。ここにこそテクノロジーの両義性が見出されるのであり、そして、このような抵抗の実践こそが、フーコーが「自由の実践としての自己への配慮」と呼ぶものだ。フーコーは次のようにいう。

私があきらかにしようとしたことは、主体はどのようにして、ある限定された形式において、狂った主体ないしは健全な主体、非行者としての主体ないし非行者ではない主体として自分自身を構成するのか、ということなのです。そして主体は、真理のゲームや権力の実践などのいくつかの実践を通して、そのような主体として自らを構成する。だから私は、ある種の主体のアプリオリな理論をしりぞけなければならなかった。〔……〕真理の支配からのがれるためには、真理のゲームと全く無縁のゲームをするのではなく、別のやり方でそれをすること、あるいは真理のゲームにおいて別のゲーム、別の勝負をし、別の切り

札を出す必要があるのです　（Foucault 1984＝二〇〇六年、三一三―三一四頁）

ここでフーコーがゲームと呼んでいるのは、「真理の生産の諸規則の総体のこと」（同書、三二七頁）であるという。つまり、テクノロジーの「真理陳述の体制」による支配からのがれるためには、そのテクノロジーがどのような諸規則をもとに作動しているのかを知り、それを奪用する必要があるということだ。そのために重要なことは、テクノロジーは何を条件に真理を産出しようとしているのか、ということを検討することである。言い換えれば、テクノロジーが提示する真理とは、どのような条件において真理として機能するものなのか、ということを批判的に考察した上で、その真理による導きの限界を明らかにすることこそが、重要なのだ。プラットフォームという問題に即していえば、それは、テクノロジーによって提示される真理の限界、すなわち統計的真理による導きに常に随伴する不確実性の中に、自由の可能性を見出すということになるだろう。そして、本書がこのような条件として注目するものこそが、まさしく、情動なのである。

5．情動のテクノロジー的政治

すでに確認したように、今日のコミュニケーションネットワークにおいては、情動の前景化が見られるが、それに伴い「人間の感情的状態に関するデータを捕獲し処理するというＡＩの能力が改良され続けている」（Dyer-Witheford et al. 2019, p. 66）という。「多種多様なビジネスにおいて、ＡＩを使って顧客の感情を監視し操作するということに、興味がもたれつつある」（Ibid.）というわけだ。しかし、すでにコミュニケーションネットワークで情動が前景化しているということは、プラットフォーム上の統計的アルゴリズムが計算しているユーザーの属性とはすでに情動化されたものである、といえよう。つまり、ユーザーがどのような情報に情動的に反応するのか、ということがそこでは常に計算されているということだ。実際、「ブログ、ソーシャル・ネットワーク、ツイッター、YouTube」に加えてTikTokやInstagramなどは、各ユーザーにとってより強い情動的反応をもたらす情報を効率的に分配するプラットフォームであるといえるだろう。「交流のために人々にデジタル空間を提供することで、プラットフォームは〔……〕データを抽出するように自らを位置づける」（Srnicek 2017＝二〇二二年、六一頁）のであり、そのようなデータの抽出と分析を通じて、人々の情動を調節しつつ、特定の行動をとるように個々人は導かれるのだ。

ここで注意したいのは、情動を通じた導きとは、あらかじめ何らかの論理や価値観を個々人に注入したり教育したりすることで、彼女ら／彼らの主体的行為をコントロールするといったものではないということだ。むしろ情動とは、新しい主体を創発させるものとして、理解されるべきである。ホワイトヘッドやジルベール・シモンドンの議論を参照しつつ、哲学者のブライアン・マッスミ（2002）は、情動とは「前個体的なもの」（the preindividual）から、個体が創発するための原理であると主張する。なぜなら、主観的な意識によって自分自身を一つの個人＝個体であると、我々が認識し始めるような状態以前の前個体的なレベルにおいて、情動は作用するからだという。前個体的なものとは、様々な潜在性がはらまれる領域のことであり、個体とはそのさまざまな潜在性から偶発的に一つの形態として、出現＝「創発」したものであるというのである。しかし、この創発は一回限りのものでは無い。なぜなら、個体は前個体的なものへと常に回帰し、そこでまた潜在性へと開かれることになるからである。情動とはこのような前個体的なものから個体を生じさせる契機となるものであり、それは一種の強度として経験されるものなのだ。マッスミは、個体が生じる「それぞれの領域において、形姿あるいは構造が形を成し始めるが、しかしすぐさまそれは分解し始めるのであり、それはその領域が緊張関係にあるその他の領域との関係において変化するからである」（Massumi 2002, p. 34）と述べている。ここでは情動とは、このような他の存在との緊張関係へと、個体を回帰させるものとして理解されている。

政治哲学者のジェイソン・リードもまた、シモンドンの議論を参照しつつ、前個体的なものを「準安定的な状態、すなわち流動あるいは緊張状態という一つの関係性にあるもの」であり、それは「諸可能性、あるいは諸関係性の一つの集合、つまりそれは、生成の貯蔵庫」(Read 2016, p. 109) であると主張する。そして、個体の創発＝個体化 (individuation) とは、準安定的な状態にある溶液から「結晶化」が生じること、すなわち、当初は流動的な状態にあった諸々の条件や、複合物、そして要素が一つの状態に個体化されることであるという。しかし、このような個体化は「前個体的な次元を完全に決定してしまうことはないし、その［＝個体化の］諸条件を完全に個体化してしまう、もしくは組み込んでしまうこともない」(Ibid.) という。シモンドン自身が主張するように、

個体化は前個体的な全てのリアリティを汲み尽くさないし、準安定性の体制は個体によって単に維持されているだけではなく、個体によって運ばれている。その結果構成された個体は、自らとともにある負荷を運ぶが、その負荷は前個体的なリアリティと結びつき、そのリアリティを特徴付けるすべてのポテンシャルによって活性化される。ある個体化は、物理的系における構造の変化のように相対的である。ある一定のレベルのポテンシャルはとどまるので、何らかの個体化がまだ可能的である。個体に結びついたままのこの前個体的自然は、未来の準安定状態の源泉であり、そこから新たな個体化が生じることになる。

（Simondon 2013＝二〇一八年、一四頁）

つまり、「前個体的なものとは、先行するもの、すなわち個体化以前にやってくる何らかのものとして理解されるものというよりも、異なった位相として個体化に並行して存在するもの」（Read 2016, p. 109）なのであり、個体は常にこの随伴される前個体的なものによって、他の個体へと生成する可能性へと開かれているのである。

そして情動とは、このような前個体性＝準安定性の領域を活性化させるものなのだ。言い換えれば、情動は、前個体的なものにおける諸々の可能性や諸々の緊張状態の経験なのである。我々は情動を触発されることで、今ある個体化した状況が解きほぐされ、前個体的な状態へと引き戻される。しかし、もちろんそのような情動的経験は、個人的あるいは主観的な経験ではない。むしろ、それはそこから個人化＝主観化が生じる、潜在的な場そのものなのだ。そして、このような情動から、個人化＝主観化＝主体化の結果生じるのが、感情なのである。この意味で、情動と感情はそもそも位相が異なるのだ。リードは次のように主張する。

シモンドンが明らかにしたことは、情動と感情は個人化の二つの異なる位相として把握されるのが、最善であるということである。前者はより前個体的なものであり、諸々の緊張によってより規定されており、そして後者はより個体的で、特定の限定可能で名付けられた状態だけでなく、特定の視座も規定するような、個体化されたものである。

(Read 2016, p. 111)

そのため、感情とは情動的経験についての一つの可能な解釈に過ぎない。我々は、泣くという情動的経験をした場合にも、それが悲しいからなのか、それとも嬉しいからなのか、主観的解釈としては可能性が複数存在する。さらには、個体化は感情的なレベルにとどまるのではない。それは、「特定の視座を規定する」ように、我々の論理的思考の方向性も規定する。つまり、個体化とは我々を一つの精神をもつ存在へと生成させるプロセスのことなのである。

このように、情動とは前個体的なものを活性化させることで、新たな個体の生成を創発させるものであるのだとしたら、今日のコミュニケーションネットワークにおいては、個体の創発を利用するテクノロジーが作動しているということができよう。そして、それは一つの権力なのだ。このような権力のことを、マッスミは「存在権力」(ontopower)と呼び、次のように主張する

> 生を元に戻すために、創発のための生の生きられない条件へと回帰する環境的権力は、存在権力である。それは、創発の初期状態を変更し、創発を変更する効果へと向かわせる。創発の初期状態を変更し、創発を変更する効果へと向かわせる。存在権力は、自然化する

自然の持つ創発の力に再合流することで、その力を乗り切ることを目的とし、そしてそれを乗っ取りさえする。最大限に展開された先制的権力は、存在権力の一つの様態である。この権力は、偶有的なものを対抗的に模倣することによって、自然化する自然の創発の力を乗っ取るのである。

(Massumi 2015, p. 41)

生を元に戻すとは、ここでは前個体的なものへと引き戻すことを意味している。つまり、情動を高めることで、個々人を前個体的なものへと回帰させ、そこから新たな個体が創発するというその可能性自体を乗っ取ることを目指すのが、存在権力であるというわけだ。そして、今日のコミュニケーションネットワークは、まさにこのような権力の作動する場となっている。例えば、より広範な社会的関心を引くものについて、その情報のオーバーロードによって、人々の再帰性が極度に高まっている状態を考えてみよう。そこでは、何を信じれば良いのか、思考困難な状態に人々は陥ってしまうだろう。なぜなら、あらゆる情報が信憑性を持ちうる一方で、あらゆる情報が逆に全く信憑性を持ち得ないという、究極に矛盾した状態がそこには生じているからだ。言い換えれば、それは様々な潜在的可能性によって埋め尽くされ、人々が前個体的な状況へと引き戻された状態であるとえいよう。そして、このような状態において高強度の情動を触発することで、特定の感情を引き出すことが可能ならば、人々はその情動—感情に沿って一気に特定の方向へと個体化し、一つの集団性を構成することになるだろう[9]。情動の強い「衝撃は、その次の瞬間において、活動へと波及する。伏在的扇動が増大して、マクロな動きに帰結する」（Ibid., p. 75）のである。ネット上におけるプラットフォームは、まさにこのような高強度の情動―感情を触発する情報が何かということを抽出し、より多くのユーザーに散布することを可能にするものであろう。つまり、プラットフォームを通じて、個体化を乗っ取ることが可能となりうるのだ。

では、このようなテクノロジーによる「存在権力」への抵抗は、いかにして可能であろうか。ここで、情動にはらまれる不確実性に注目する必要があるだろう。すでに、情動の触発を通じた個体化は、前個体的なものにおける可能な諸関係性のうちの一つが生成したものであることは確認したが、だとすれば個体化の可能性は複数存在するということになるだろう。つまり、プラットフォームによって高強度の情動が触発されたとしても、そこから生じる個体化における主観性と感情の生成は、均質なものではないということだ。言い換えれば、情動とは、一方で集団的に共通の経験を可能にすると同時に、個々人において異なった多様な主観性と感情が生成することを、可能にするものであるといえよう。実際、シモンドンは情動を集団性と多様な個体の双方を創発させる、「横断個体的」（transindividual）な原理として議論している。

個体化された存在は、独りであると同時に独りではない。それは二つの次元をもつべきである。集団的なものが実在しうるためには、分離された個体化が集団的なものに先立って行われ、さらにこの個体化が前―個体的なものを含まなければならない。そして、集団的なものは、この前―個体的なものによって、分離された存在を再び結びつけることで個体化していく。精神性は、個体化された存在と集団的なものの関係の意味であり、したがってこの関係の基礎の意味である。なぜなら、個体化された存在は、完全に個体化されているわけではなく、まだ個体化されていない、前―個体的なもののリアリティの負荷を含んでいる。そしてこの存在は、実体的な個体性、偽の自存性の中に引きこもるかわりに、その負荷を保持し、尊重することで、自らの実在を意識しながら生きている。精神性とはまさに個体化されたものと前―個体的なものの関係を尊重するということにある。精神性は本質的に情動的かつ感情的なものでもある。

(Simondon 2013＝二〇一八年、四一一頁)

個体化された存在は、その情動的経験を通じて、常に前個体的なものをもとに、集団性を構成する。この場合、集団性はそれぞれの個体において、自身の感情や主観性の基盤として感じられるものとなり、一つの集団的な「精神性」として機能する。つまり、リードが主張するように、情動の横断個体性とは常に個体的なものと集団的なもの双方を構成するのであり、「あらゆる個体化は諸主体と諸集合双方の個体化であり、つまり一つの横断個体的な個体化である」

(Read 2016, p. 113) のだ。言い換えれば、「横断個体性とは間主観性ではない。それは構成された主観の間の関係ではなく、主観を構成する条件間の関係」(Ibid.) なのだ。この意味で、個体化においては多様な感情や主観性とともに、それを規定するものとしての多様な集合的感情や精神性が生成するが、横断個体性とはこの両者の生成の条件でありつつ、常にそれらを超過するものなのである。

ここにいたって、ようやくコミュニケーションネットワークにおける、「存在権力」への抵抗の可能性が見出せよう。それは、情動によって触発される個体化において、それが同じ情動であったとしても、テクノロジーによる導きに従わない異なった個体性と集団性、つまり導きにしたがってしまう個体性―集団性が共有している感情に対して、対抗した感情を共有する諸存在の生成の可能性を、模索するということになるだろう。それは、テクノロジーがアルゴリズムによって計算し尽くすことができない不確実性を模索しつつ、コミュニケーションネットワークによって媒介された、対抗的集団性の構成可能性を志向するということである。そして、さらには、同じ集団的な感情や精神性に規定されていると感じている諸個体においても、なぜ自分たちがそういった感情を持つのかという理解において、多様性が存在するはずであろう。諸個体の生成、および彼女・彼らが基盤としていると感じている集合性の生成は、それぞれにおいて異なっているはずだからだ。それは、マクロなレベルでは感情が共有されているように見えても、ミクロな主観性においては微細な差異がある――例えば、同じ「嫌だ」という感情を共有しているように見えて、なぜ嫌だと感じるかは個々において異なるといったような――といった状況であり、この差異の表現可能性の担保こそが、テクノロジーによる単なる情動―感情的な触発への抵抗となりうるだろう。

言い換えれば、コミュニケーションネットワークにおける「存在権力」への抵抗は、「存在権力」そのものから逃れることではないということだ。それは、「存在権力」の作動を見極めつつ、その対抗的な利用、つまり対抗的「存在権力」を構想することなのである。それはまた、「新しい暗黒の時代」における「自由の実践としての自己への配慮」であるといえよう。しかもそれは、閉じられた自己＝個人においてではなく、自己を構成する横断個体的な原理のもとで、初めて可能となるものなのである。

（1）人新世とは、大気化学者のパウル・クルッツェンによって名付けられた、完新世の後に位置付けられるとされる今日の地質時代のことであり、「「地球環境における人間の痕跡が今や広範で激しくなったことで地球システムの機能に衝撃を与え、自然の他の巨大な力に匹敵するようになった」という事実に特徴付けられる時代」（Bonneuil & Fressoz 2016＝二〇一八年、一八頁）であるという。

（2）すでによく知られているシンギュラリティ（技術的特異点）仮説だが、カーツワイルは、二〇四五年にはＡＩの知能が人間を凌駕すると主張している。

（３）もっとも、プロメテアニズムそのものに関する近年の議論は、ここでの批判に収まるものではないことを付け加えておくほうが、公平であろう。例えば、レイ・ブラシエによる議論（Brassier 2014）などでは、人間的本質なるものの非規定性や不確実性を措定するものこそが、プロメテアニズムであると主張されている。

（４）通常、国内的な用語法では批判理論というとフランクフルト学派の思想のことを意味するが、ここでは英語圏でより一般的な「権力を批判する理論」としてのCritical Theory（Critical Race Theory や Critical Communication Theory、あるいは Critical Legal Studies などを含む）の意味で、批判理論という言葉を使っている。

（５）『アヴェスター』におけるアフラ＝マズダから、アスラを通って大日如来へと至る系譜については、宮坂宥勝の研究（一九六〇年）に詳しい。

（６）「対―形象化の図式」とは、自己同一性を保持すると想像される他者との比較を通して、鏡像的に自己の同一性を想像するという機制のことである。酒井によれば、日本や西洋といった自己同一性は、このような「対―形象化の図式」を通じて生み出されたものであり、その意味で「日本対西洋といった比較の枠組みが、基本的に想像的なものである」（酒井　一九九七年、五三頁）と理解されるべきであるという。より詳しい議論は、本書第五章を参照。

（７）ここでのハイデガーの解釈について、ベルナール・スティグレールは次のように説明している。「もし技術的生産物がみずからの運動の原理をみずからの内ではなく、他のものの内にもっているなら、この生産物は手段であり、このほかのものが目的だと普通言われるが、技術という生み出す作用は、隠れた状態から隠れなき状態へと移行させる限りで、開示に属し、真理のとる一様態である。つまり、目的因は作用因ではなく、成長、展開する存在なのである」（Stiegler 1994＝二〇〇九年、一三頁）。

（8）原典を参照し、適宜翻訳を文脈に沿うように修正している。

（9）ネットでの炎上や祭りとは、こういった状況の一類型であるといえよう。また、ネット上におけるナショナリズムの高揚もまた、このような情動の触発によるものであると考えられよう。とりわけ近年では新型コロナウィルスをめぐって、様々な互いに矛盾する専門家の言説が溢れることで、再帰性が高まり、結果として専門家による情報とは関係ない次元での情報によって情動が触発されるという事態が生じている。さらには、アパデュライによる、資本主義の本質的不確実性のもとでの「デリバティブ取引の領域は集合的沸騰の源泉であり続けており、そこからデリバティブの価値が派生するとされる元の証券＝道具に逆にエネルギーを与えている」（Appadurai 2016＝二〇二〇年、一五二頁）という主張も、市場における集団的なコンセンサスをもたらす原理として、デュルケム的な集合的沸騰を論じている点において、市場の動向を決定する原理として情動的なものを想定していると考えられよう。

第二章　神経政治学から情動論へ
創発する共同性／協働性とメディアコミュニケーション

1．はじめに

「感情的にものを言うな！」。このようなセリフは、しばしば相手を非難する言葉として表出される。ここには、感情的な話し方や、感情に支配された思考はより劣ったものであり、それはより優れた話し方や思考によって、取って代わられるべきであるという含意がある。そしてその優れた話し方や思考とは、理性的な認識によって裏打ちされたものである、という前提がここには存在する。もちろん、実際にこのような言葉が発される状況において、それを発した当人が本当に理性的であるかどうかは、決して確実ではないであろう。しかし、ここで問題にしたいことは、それを発した人が理性的かどうかということではなく、理性的な認識に支えられた思考と、それに基づいた発話や意見が優れているという一般的な前提、いわば俗流カント主義的な前提についてである。つまり、言い換えれば、感情によって支えられた思考や話し方あるいは意見は、本当に劣ったものなのかということが、ここで検討されるべき問題である。そして、ここでこれから展開される「情動」をめぐる議論とは、感情よりも理性の優位を説くことに対する異議申立てである、と理解することができよう。

しかし、ここで一つの留保をつけねばならない。それは、しばしば情動と感情は同一のものである、と捉えられがちであるが、それは全くの誤認であるということだ。情動をめぐる議論では、情動と感情にはそれぞれ異なった言葉と定義が与えられている。例えば、本章で参照しているブライアン・マッスミ、ウィリアム・コノリー、ジェレミー・ギルバート、ジョン・プロテヴィといった論者たちは、情動と感情に affect と emotion という言葉をあてており、この両者の違いを明確にしている。また、こういった論者たちがしばしば参照するジョセフ・ルドゥー、アントニオ・ダマシオ、ウィリアム・ジェイムズといった心理学・生理学系の論者たちは、emotion と feeling といった言葉によって情動と感情をはっきりと分けている。いずれの論者の議論にも共通していることは、まず情動が存在しており、そこから感情が生じるということである。つまり、情動は感情に還元できず、それどころか情動は、それがなければ感情がそもそも生じることができない、潜在的な場を構成しているものである、ということだ。つまり、感情とは情動によって担保された潜在性の一部が、主観的な意識として表出され現実化したものに過ぎないのである。

ここから、情動論がポストヒューマン的（あるいはノンヒューマン的）な理論であるとなぜ主張されうるのか、ということにかんする一つの疑問が払拭されよう。もしも、情動論が感情論であるのであれば、それは所詮人間だけが対象となる理論となってしまうであろう。あるいは、感情を持ちうる存在に動物も含めることができるのだとすれば、情動論は我々がいわゆる常識的に考えるところの「動物」を対象にした議論である、ということになるであろう。「神経政治学」(neuropolitics) という言葉の字面の通り、高度に発達した神経組織をもつ生命体のみを対象にしたものだというわけだ。これでは、ポストヒューマンやノンヒューマンという言葉のラディカルな響きに対し、あまりにも割に合わないように思えてしまう。しかし、ジェレミー・ギルバートは、情動によって引き起こされる個体化 (individuation) に関して、「人、岩の形成、樹木、細胞組織、これら全ては「個体化」の異なった契機と効果を構成する」(Gilbert 2014, p. 108) と主張している。つまり、情動をめぐる議論とは、感情を持っている、あるいは持っていると想定されている存在だけを対象にしたものではない、というわけだ。それは、人間、動物、植物、あるいは非生命体をも同様の地平に置き、どれか特定の存在が特権的な地位に置かれるような関係性とは異なる関係性を、構想することを可能にしようとするものなのである。

つまり、これまでのヒューマニズム=人文主義において前提とされてきた、人間を超越論的で個人主義的な主体として特権化するような関係性に対して異議を唱え、それとは異なったパースペクティブを展開すること、これこそが情動論の目標であるといえよう。人間と自然というデカルト的二元論への批判は、あまりにも繰り返し主張され、もはや凡庸なクリシェと化してしまったが、しかし、この二元論自体は、我々の認識をいまだ強力に規定しているように見える。そこでは、自然に対して、そこから独立し自律しそしてその自然を客体化＝対象化できる主体として、人間は位置付けられている。しかし、情動論は、人間もまた自然の一部としてそこに内在し、人間とそれ以外の存在とを等しく触発し触発される存在として、把握することを目指す。ここには、スピノザ的一元論＝自然主義の影響が色濃く反映している。情動論は、ジル・ドゥルーズの哲学から深く影響をうけつつ展開されたものであるが、そもそも、スピノザによる変様＝情動（affectio=affectus）をめぐる議論の重要性に注目したのが、ドゥルーズその人だったのである。

ドゥルーズはスピノザの自然に関して、次のようにいう。

（実体としての、また原因としての）いわゆる能産的自然と、（結果としての、また様態としての）いわゆる所産的自然とは、互いに相互の内在性をきずなに結びついている。原因は、どこまでもそれ自身のうちにとどまりつつ産出し、また結果——産出されたもの——のほうも、原因のうちにとどまるからである。この二重の条件さえあれば、あとはもう何も付け加えなくても、自然一般について語ることができる。ここでは〈自然主義〉は以下の三つの形態の一義性を満たすものとして現れる。まず、属性の一義性。各属性は、能産的自然としての神においても、所産的自然としてのここの様態においても、おなじ形相のもとに、一方ではこの神の本質をなし、他方ではそれらすべての様態の本質を包容している。ついで、原因の一義性。所産的自然の起源としての〈万物の原因〉ということばは、神について、能産的自然の系譜としての〈自己原因〉と同じ意味で語られる。最後に、様相の一義性。所産的自然の秩序も、能産的自然の編成も、そのありようは〈必然〉のただ一語をもって形容される。

(Deleuze 1981＝一九九四年、一〇八－一〇九頁)

つまり、認識するものと認識されるもの、働きかけるものと働きかけられるもの、あるいは秩序づけるものと秩序づけられるもの等々、といったような、通常はどちらか一方が優位あるいは支配する主体であり、それに対してもう一方は影響され従属するだけの客体であるようなものとして見なされる関係性も、実は同じ一つの自然から産出された関係に過ぎない、というのである。つまり、あらかじめ特定の関係性によって規定された存在など、存在しないというわけだ。

このような一つの自然から、さまざまな関係性を生じさせるものこそが、ここで注目されるべき、情動のもつ中心的な原理なのである。スピノザの変様＝情動に関して、ドゥルーズは次のように主張する。

> ところですべてのものは、身体や物体であれば延長において、心あるいは観念であれば思惟において、どこまでもそれが存在するかぎりその存在に固執し、それを保持しようとしつづける。衝動とはまさにそうした個々すべてのものがとる自己存続の努力（コナトゥス）以外のなにものでもない。けれどもこの努力は、出会ったその対象に応じてさまざまに異なった行動に私たちを駆り立てるから、そのありようは、対象が私たちに引き起こす変様《アフェクチオ》によってそのつど決定されているといわなければならない。私たちのコナトゥスを決定するこうした触発による変様こそ、このコナトゥスに意識が生じる原因でなければならない。
>
> （Deleuze 1981＝一九九四年、三四頁）

いかなる存在も、それ自体では全く未規定であり、さまざまな関係性や意識のありように開かれている。それは、自己と他者との区別すらも未だ分化していない（あえていうなら、主客未分的な）潜在的状態であり、そのような未規定な存在によって構成される潜在性としての全体性が、自然であるといえよう。そして、こういった未規定の存在が他の存在と遭遇することで、潜在的な状態にある存在から、一つの特定の関係性に規定された状態にある存在へと変様＝アフェクチオ（affectio）する。このような関係性への変様は、存在自身の「存在しようとする努力＝コナトゥス」にとって、それを強めるものあるいは弱めるものとして体験されることになり、この体験が情動＝アフェクトゥス（affectus）と呼ばれる。「情動とは、その身体自身の活動力能がそれによって増大あるいは減少し、促進あるいは阻害されるような身体の変様をいう」（同書、一六七頁）のである。このように、ドゥルーズ＝スピノザ的な自然主義においては、触発による変様を通じた「身体や精神のもつ活動力能の増大や減少」（同書、一六六頁）が、情動として体験されるという一連のプロセスが描かれている。そして、このようなプロセスを念頭に置きながら、未規定な存在から特定の関係性によって規定される存在へと（つまり特定の個体として）生成するプロセス――あるいは他の諸存在との関係性へと接続されていくプロセス――を生じさせる原理として、また、そのようなプロセスが生じていることの経験そのものとして、情動を把握するというのが、今日の情動論の目論見なのである。

これは、情動を「創発」の原理として理解することが、情動論の目論見でもあるということだ。マッスミ（Massumi 2015, pp. 38-39）が指摘するように、スピノザ的自然を受けてドゥルーズがフェリックス・ガタリとともに展開したのが、「機械圏」という概念である。

生物圏も精神圏もなく、いたるところあるのはただ唯一の同じ〈機械圏〉なのだ。〔……〕固定した秩序というものはなく〔……〕見かけの秩序が逆転して、技術的あるいは文化的な現象が、昆虫やバクテリアや微生物、さらにまた微粒子の発達にとって好適な腐植質、おいしいスープになることもある。〔……〕今日では、事態はもっと悪化している。どの地層がどの地層とどんな方向に交通するか予測することができないのだ。とりわけ、そこには低次のものにせよ高次のものにせよ組織化と呼べるものはまったくなく、基層は地層の全体をしめ、地層にとりこまれ、組織化の増大ではなく、変化が生ずるような環境となっている。

(Deleuze & Guattari 1980＝二〇一〇年、一五二―一五三頁)

このような機械圏を、マッスミは「出来事で充満した概念であり、「自然」を構成する諸地層を、自然科学的な意味における、偶発的な連続体へと位置付ける」(Massumi 2015, p. 39) ものであると主張する。言い換えれば、自然＝機械圏とは、そこから様々な地層化や秩序化、あるいは関係性が生じる領野であると同時に、それらが予測不可能なものとして生じる可能性が常に存在し、かつ一旦生じた秩序や関係性は常に変化を被ることになるような領野である、というわけなのだ。そして「出来事」とは、機械圏＝自然において、とりわけ予測不可能なものとして関係性や秩序が生じた際に、その契機となったものを指している。「創発」とは、こういった出来事を通じての個体の生成のことである。つまり、ある存在が、予測不可能なものとして生じた関係性や秩序によって規定された存在へと変様し、一つの特定の個体として認識されるようになること、これこそが創発なのである。このような創発は、すでに確認した、未規定な存在から特定の関係性によって規定される存在へと生成するプロセスの一つであるといえよう。そうである以上、この創発のプロセスを生じさせる原理でありつつ、この創発のプロセスが生じていることの経験そのものこそが、情動であるといえるであろう。

情動論が問題とするのは、このような創発のプロセスと情動との間の原理的な関わりについてであり、そしてこの関係性において生じる政治である。言い換えれば、それは、情動に介入することで、創発のプロセスを制御せんとする権力の問題を問うことである。創発のプロセスへの介入としては、大まかに次のような二つの方法があるといえるであろう。一つは、理性の下に情動を置くことで、創発のプロセスを抑え込むこと。もう一つは、情動そのものに介入することで、創発のプロセス自体をコントロールしてしまおうとすること、である。後者の政治は、今日最も切迫したものとして我々が向き合わざるを得ない問題である。なぜなら、スラヴォイ・ジジェク（Žižek 2018＝二〇一九年、五六頁）が指摘するように、これまで「規則正しい季節のリズム、人類史の確かな背景、恒常的な存在として当てにできるもの」であったはずの自然と我々の関係は、いまや「予測不可能な出来事との絶え間ない闘いの様相を呈している」からだ。前者の政治への抵抗は、恒常的で規則的・法則的な自然によって抑圧されていたものとしての、予測不可能な創発を暴露すれば事足りたが、後者の政治はそういった創発それ自体を利用せんとするものであるのだ。この問題を最終的に明らかにするのが、本章の課題であるが、そのためにはまず、前者の政治から理解する必要がある。そこで、まず次節において、この創発を抑圧することへの抵抗としての政治について、考察しよう。

2. 神経政治学と情動

コノリーによる神経政治学（neuropolitics）の議論は、高度に組織化された人間の神経組織、とりわけ大脳の扁桃体（amygdala）と大脳皮質（cortex）の構造に注目することで、これまでの西洋政治理論において特権的な役割を与えられていた理性を脱中心化し、政治における非理性的な要素、とりわけ情動の重要性を明らかにしようとしたものである。そのために、コノリーはスピノザやウィリアム・ジェイムズ、あるいはドゥルーズなどといった思想家たちによる、思考や記憶、あるいは文化と自然に関する理論を検討しつつ、これらの理論家たちとの「対話状況に置かれた際にその本領を発揮する、文化・脳・身体の関係性にかんする新しい神経科学」（Connolly 2002, p. 2）に注目することを主張する。この意味で、「神経」政治学を名乗ってはいるものの、コノリーの議論は、生物学者や科学者が陥りがちな大脳・神経還元主義ではなく、また、（文化理論がしばしば陥りがちな記号論的・言語論的な）文化還元主義でもなく、むしろ神経・生物科学と文化理論との間の最新の成果を対話・交流させることで、政治理論にあらたな知見をもたらすことが、その目的であるといえよう。

それはまた、身体に対する脳の支配あるいは優位ではなく、身体と脳の間の相互交流と、この相互交流の間に文化が介入することで、脳・身体・文化の間に形成される多層的なネットワークを、明らかにしようという試みである。「もし思考が文化を構築することに役立つのであれば、文化の客観的次元は、身体と、大脳と、そして文化をつなぐ中継とフィードバックのループを極めて密度の高いものにしながら、思考を構築することに役立つのだ」(Ibid., p. 20)。思考とは、抽象的なものでは決してなく、必ず身体的な経験に裏打ちされている。そして、身体的な経験は意識に上らないもの、あるいは潜在的なものとして記憶されていく。つまり、意識的な思考や判断は、このような前意識的に堆積された記憶によって大きく影響されるのであり、そして文化はこのような記憶と思考それぞれに影響を及ぼし、さらに思考は文化に影響を及ぼすのである。重要なのは、思考、身体、文化それぞれが相互的に影響を及ぼし合っているということであり、どれか一つが決定的な要素を担っているというわけではない、ことだ。

こういった、多層的なネットワークを明らかにしようという試みは、「スピードの加速、距離の圧縮、そして現代の生活を特徴付ける多次元的な多様性にふさわしい、政治的多元主義を発展させるためのアジェンダ」(Ibid., p. 2) に繋がるものである、とコノリーは主張する。コノリーによれば、今日では多くの政治理論家たちが政治や倫理は「討議/熟議」を通じて構成されるべきと考えているが、それでは「思考を認知に還元してしまうか、あるいは、その発明性を切り詰めてしまうような超越論的統制の広帯域に思考を位置付けてしまうか、あるいは思考の情動的源泉や、身体的な絡み合いとその効果、を無視してしまうような面白みのない知性主義へと、思考を収縮させてしまう」(Ibid., p. 1) と批判する。しかも、「思考の発明的で構成的な次元は、自己の自由と、倫理と政治における寛容性の養成にとって、本質的なものである」(Ibid.) という。思考が、身体と文化との間で構成する多層的なネットワークは、自由の基盤そのものであり、それはこのネットワークがどのように構成されるのかということが、決定的なものとして予測したり把握したりすることができないからなのだ。ネットワークは、相互に影響し合いながら、常に発明されるのである。そして、このような予測不可能な発明性によって担保された自由こそが、今日の政治的多元主義において真に重視されるべき原理である、というわけなのである。

このように、コノリーの議論はその対象が高度に発達した神経組織をもつ人間である以上、その試みはポストヒューマンというほどのラディカルさには欠けるように思われる。しかし、ここで注目すべきは、文化もまた予測不可能な自然の一部として理解すべきだ、とコノリーが主張していることである。自然を一つの法則によって支配された恒常的なシステムであるとみなす、古典的な近代物理学的観点に立脚した場合、人間を例外的で特権的な存在として扱わない限り、文化もまた法則によって支配されたものとなってしまう。それは、文化の構成を必然的なものとみなし、その内部に自由や創発を認めないという立場に繋がっていく。それに対し、自然を本質的に予測不可能なものとして捉え、イリヤ・プリゴジンやイザベル・スタンジェールが主張するような、散逸構造をもつ「平衡から程遠い状態」(far-from-equilibrium state) によって溢れていると理解した場合 (Ibid., p. 55)、文化もまた予測不可能で「単独的」なものとして構成されるものとして把握することが可能になる。自然の一部としての人間の思考もまた、予測不可能で創発的なものである、というわけだ。コノリーはこのように考えた上で、情動を思考の創発にとって重要な原理であると主張する。「情動抜きでは、思考は創造性を欠くことになるだろう。情動とともに、思考は自然の変動性を賦与されるのである」（Ibid., p. 67）。このような、情動は創発を可能にするものであるという主張は、ドゥルーズ＝スピノザ的な自然観に沿ったものである。実際、コノリーは「自然と文化を混ぜ合わせる内在的な領域」（Ibid., p. 85）を提起するものとして「内在的自然主義」（Immanent naturalism）なる概念を提起し、そしてこの内在的自然主義の理論的源泉にスピノザとドゥルーズを挙げているのである（Ibid., p. 86）。コノリーによれば、この内在的な領域は超感覚的なものではなく、「下感覚」的（infra-sensible）なものであるという。それはすなわち、未だ感覚として認知される前の、潜在的で個体化以前的なものであり、ここに働きかけることを通じて特定の感覚をもつ個体化の創発を促すのが、情動なのである。

ところで、興味深いのは、神経政治学に先立ってコノリーが情動に注目していたのは、宗教の問題に絡んでであったということだ。二〇〇二年の『神経政治学』（*Neuropolitics*）の刊行に先立って、一九九九年に著された『なぜ私は世俗主義者ではないのか』（*Why I Am Not a Secularist*）において、コノリーは宗教人類学者のタラル・アサドの議論を参照しつつ、今日のプロテスタンティズム的な宗教理解について批判している。アサドによれば、世俗主義とプロテスタンティズムは、ともに宗教を個人の内面における信仰（belief）へと還元してしまい、その間主観的な側面を見落としてしまっているか、正当に評価できていないという。言い換えれば、多くの宗教は、すでに存在している個人によって選び取られるものであるというよりも、個人の個別的な主観性に先立つ間主観性（intersubjectivity）に働きかけることで主観を持つ自己を生成させ、その宗教的価値や規範・振る舞いを内面化した存在としての個人であるということを人々に認識させるものであった、というのである。コノリーによれば、このような間主観性は様々な領域において作動しているが、最も重要なのが前表象的（prerepresentational）な領域としての本能的領域（visceral register）であるという。宗教は、その儀礼的実践を通じて、この本能的領域に働きかけ教育を施すことで、宗教的な内面と振る舞いを備えた存在としての個人を形成することを、可能にしてきたのである。こういった宗教的実践は、思考以前の未規定な「原—思考」（proto-thoughts）に作用しつつ規定された思考へと導くことで、人々を特定の個人として生成させる技術であると考えられ、ミシェル・フーコーの「自己の技術」やドゥルーズの「ミクロポリティクス」などのような、「生成の政治」（the politics of becoming）（Connolly 1999, p. 28）の問題系へと連なるものであるという。そして、神経生理学者のジョセフ・ルドゥーの議論を参照しながら、この本能的領域の一つとして考えられるのは扁桃体である、とコノリーは主張する。ルドゥーの議論においては、この扁桃体こそが、情動反応を理解するための鍵となる器官として扱われているのである。

扁桃体とは前脳にある小さな領域で、アーモンドに形が似ていることから命名されたものであり、ルドゥーによれば、「長い間さまざまな情動行動に重要であると考えられてきた」（LeDoux 1996＝二〇〇三年、一八六頁）ものであるという。扁桃体が外界から刺激を受けた際、情動を誘発し、情動的反応として行為に反映する。しかし、この外界からの刺激には、「視床から直接扁桃体へ行くもの（低位経路）と視床から皮質を経由して扁桃体にいくもの（高位経路）がある」（同書、一九五頁）という。脳の高次処理を司る新皮質を経由した、刺激に関する情報は、その処理により長い時間を要する一方で、扁桃体へ直接入力された情報の処理は、より短い時間で済む。皮質を経由することで情報が精緻に処理され、細かい差異を認識した、より洗練した反応を可能にしてくれる。それに対して、扁桃体に直接入力されたものは、より大まかな反応しかできず、それは本能的なものに近い。しかし、ルドゥーが指摘するように、この直接的で迅速な入力には明らかな利点がある。それは、例えば、林の中を歩いている際にバリバリという音を聞いた場合に、「皮質は、その音が、自分の長靴の重みで弾けた乾いた小枝の音なのか、ガラガラへビがしっぽを巻いている音なのかを認知する。しかし、皮質がそれをはっきりさせるまでに、扁桃体はすでにへビに対しての防備を始めている」（同書、一九四頁）というものだ。つまり、扁桃体は危機に対して本能的に先手を打っているのであり、皮質はそのあとで、より細かい反応をつくりあげるのである。

へビかもしれない、と扁桃体が反応した時、我々は何らかのショックを情動として感じ身構える。その後、それが小枝の音だと皮質が反応した時、我々は安堵の感情とともに、ショックが恐怖の感情であったと認識し、身構えるのをやめる。このように、皮質に先立って扁桃体は反応し、その刺激の源へとむけて、我々の認識や身体的反応（身構える、飛び去る、すくむ、ががた震える、汗を掻く、など）を活性化させる。扁桃体に対する刺激が強ければ、より強い情動と身体的反応が喚起され、我々の体験はより強度の高いものとなる。そして、扁桃体の影響の下、新皮質を含む脳の様々な領域が接続されることを通じて、一つの意識的思考が生じることになる。「大脳皮質が扁桃体に及ぼすより、扁桃体が皮質へ影響を及ぼす方が大きく、情動的覚醒は思考を支配し制御する」（同書、三六〇頁）のである。扁桃体の生み出す情動的体験は、「車輪の中心」（同書、二〇〇頁）のように機能し、「種々の反応の発現を制御する回路網の自動的な活性化」（同書、三四七頁）を生じさせる。それは、脳の様々な領域を接続させ、新たな回路を生じさせることで、思考の創発を可能にするものなのである。そして、コノリーはこういった扁桃体を教育する技術として、宗教に注目したのであった。扁桃体と皮質との関係性は、「どの程度かは不確実だが、それ以前の文化的経験や履行の強度によって形成される」が故に、それは「儀式や間主観的な技術による控えめな影響を受けやすい」（Connolly 1999, p. 29）であろう、というのである。言い換えれば、情動的体験を通じて生み出される思考を、ある程度パターン化してしまう役割を、宗教は担うことになるであろうというわけなのだ。

情動が思考の創発を生み出すという考えは、神経政治学においても引き継がれ、発展させられた。そこでは、情動とは言語によって汲み尽くされ得ないものであるがゆえに、思考を創造的なものとし、創発を促すものであるとされる。つまり、言語的に表現しきれない情動を表現しようとして、新しい言語を生じさせるべく、新しい思考が生まれるのである。例えば、ある映画を見た場合、そのワンシーンから強い印象を受け、情動が触発されることがある。この時、この情動は一体どういったものなのか、我々は意識的にかつ前意識的に、思考をめぐらす。それが印象的だったのは、過去に自身が体験したものについての、様々な情動的な記憶が呼び起こされるからというのが、一つの要因であろう。「これらの記憶の中には、明示的な想起へと翻訳されることなく、働きかけるものがある」のであり、「これらは潜在的な記憶であり、これらの中にはのちほど想起として表に現れるものもあるかもしれない」ものであるという(Connolly 2002, p. 70)。そして、こういった過去の顕在的・潜在的な記憶が様々に呼び起こされ、繋ぎ合わされることで、新しい体験が自己の中に生じつつ、この体験を名付けるための言葉が模索されることになる。このような言葉もまた、これまでに存在していた言葉の中から、新たな繋がりを作り出す創造的な営みとなる。「新しい言葉や言い回しを、まだ萌芽中の情動の染み渡った思考に対して鋳造することは、いまだ明確な表現が見つかってないものを表現すると同時に、類似と対比の間主観的なネットワークに引きずり込まれていた、暗黒の前例を変化させることになる」(Ibid., p. 72)のだ。つまり、違うものである可能性があったにもかかわらず、似たようなものであるということがより違うもの同士の対比によって強調されてしまうことで、その違いが認識されることのなかった言葉が、改めて違いとともに認識されることになる。このようにして、新しい言葉が発明されていく。そして、このような新しい言葉の発明は、これまでの言葉と言葉の関係がおりなす意識的な思考のネットワークを、変化させるであろう。「新しい言葉や言い回しを、既存のネットワークの中に置くということは、多かれ少なかれそのネットワーク自体を変化させることになるだろう」(Ibid.)というわけだ。しかし、その一方で、このように新しい言葉によっても、情動が表現され尽くされることはない。そのように「表現の文脈に対する情動の過剰」(Ibid., p. 74)があるからこそ、情動をめぐって言葉が発明され、思考の創造性が担保されるのである。

このように、「思考は情動を賦与される」(Ibid., p. 76)のであり、これによって思考はそのエネルギーを得ることができる。しかし、だとすれば、思考を洗練させるためには、単に合理的で知性的な訓練をすれば良いということにはならない。むしろ、思考を制御する情動への教育・訓育が必要となるであろう。そのため、コノリーはこのような情動を教育・訓育する技術に注目し、これを「自己の関係的な技術」(the relational technique of the self)と名付けている。「自己の関係的な技術」とは、「あなたの知覚、思考、アイデンティティ、信仰、そして判断がその中で配置されることになる感覚能力を、規定することを助けるような、言葉、ジェスチャー、イメージ、音、リズム、匂い、そして接触を統制しつつ混合すること」(Ibid., p. 20)を指すという。そして、このような技術が「集合的に組織され展開」されたものを、コノリーはドゥルーズに倣って「ミクロポリティクス」（micropolitics）と呼ぶ。ミクロポリティクスは、「専門的な組合、マスメディアのトークショウ、テレビや映画のドラマ、軍事訓練、労働過程、近隣のギャング、教会の会合、学校の集まり、スポーツイベント、チャリティ、コマーシャル宣伝、子育て、司法慣例、政治的ルーティン」（Ibid., pp. 20-21）によって利用されているという。コノリーは、このミクロポリティクスを通じてこそ、内在的自然主義に基づいたより「深い多元主義」（deep pluralism）が可能になると主張する。「私は第三のヴィジョンを探求したい――それは参加の寛容なエートスによってはぐくまれる深い多元主義である。しかし、このようなエートスは、意識下の領域へのミクロポリティクス的な働きかけを必要とする」（Ibid., p. 130）というのだ。

このような、深い多元主義へ向けた意識下の領域へのミクロポリティクスのために、コノリーが注目するのが、「非神論的感謝」（nontheistic gratitude）という信念である。それは、「死ぬ存在であるということについてまわる苦しみの只中にありながら、その存在は豊かであるということ」（Ibid., p. 105）を実感し、そういった状況にあることを幸福であると感じる感覚である。このような存在の豊かさは、普遍的法則の絶対的必然性を唱える、理性的超越論性あるいは原理主義的な有神論的超越性によって規定された、永遠＝不死の自然の中からは生じ得ない。むしろ、超越（論）性や普遍的法則性によっては捉えられない、予測不可能なものが偶発的に生み出され消えていくからこそ、自然は多様かつ多元的で豊かであるのだと考えるべきであろう。

非神論的感謝とは、このように、存在の豊かさは自然の予測不可能な偶発性に起因することを、認め感じる信念のことである。このような非神論的感謝は、思弁的に導き出されたものではあるもののその論理性や可知性に重きが置かれているのではなく、むしろ身体的レベルにおいてそれを感得するということに重きが置かれているという点において、宗教と同じように間主観的なレベルに働きかけ、個人を形成する技術を発明することが可能となるものであろう。これこそが、非神論的感謝を内面化し、それによって情動が触発される個人を形成するミクロポリティクスである。

深い多元主義のためには、全てを自らの普遍的なカテゴリーへと押し込めてしまう超越（論）的思考ではなく、次々と創発する存在を受容できる寛容な態度が必要となる。このような態度を支えるものこそが、非神論的感謝によって教育・訓育された情動である。そして、深い多元主義こそは、加速化が進む今日の世界状況に対応できる、民主主義的原理であるとコノリーは主張する。資本主義の発達は世界の加速化を目論み、人々の連帯や民主的な熟議の時間を奪ってしまう。しかし、その一方で、加速化によって人々はこれまで出会うこともなかった人と出会い、様々な文化や価値観に向き合うことを要請される。さらには、様々な新しいシステムや価値観、文化が創発するスピードもまた、同様に加速化されている。このため、「急速な世界は、危険と苦痛と同様に多元主義のエートスの可能性も促進する」（Ibid., p. 144）ことになる。このような加速する世界への対抗として、減速することがしばしば目論まれるが、それは畢竟、フィクション的なノスタルジーを国家や宗教へと投影し、偏狭なナショナリズムや原理主義を出来《しゅったい》させるという反動主義に陥いる。それに対して、コノリーは加速する世界の可能性を積極的に見出し、それを促進するためにこそ、深い多元主義とそのためのミクロポリティクスの可能性を主張するのである。

3. 情動政治への批判

コミュニケーション資本主義と欲動の循環

以上のようなコノリーの議論は、思考の創発をもたらす情動を、多元主義的政治の促進に貢献するものとして捉えている。言い換えれば、多元主義的政治において尊重されるべき創発のプロセスを阻害するものへの対抗として、情動を重視する神経政治学を提起しているのである。もちろん、コノリーは加速する現代の資本主義における、情動のミクロポリティクス的な利用を指摘している。しかし、コノリーの主眼は、むしろ加速によってもたらされる可能性を積極的に肯定し、その可能性を抑圧する減速主義的な反動主義（ナショナリズムや原理主義など）への批判を行うことにあり、情動による創発もまたこの文脈において評価されている。つまり、情動を抑圧（あるいは特定の情動のみを肯定）するものに対抗すべく、情動の可能性を論じる、というわけだ。

言い換えれば、資本主義によって支えられつつもそれをコントロールしようとする、国家という形で表象される統治システムを、中心化や全体化を通じて人々を統制し抑圧するものとしてみなした上で、そういった統制や抑圧から解放してくれる原理として、コノリーは、情動に注目することの理論的可能性を論じているといえよう。しかし、こういった議論に対しては、強力な批判が提示されている。それが、ジョディ・ディーンによる、コミュニケーション資本主義とメディア・ネットワークをめぐる批判的な議論（Dean 2009: 2010）である。ディーンによれば、一九八〇年代以降のグローバル資本主義を支える新自由主義的統治システムの最新バージョンこそ、一九九〇年以降のデジタル・メディア技術の飛躍的な進歩によって可能となったコミュニケーション資本主義であるという。このコミュニケーション資本主義に見られるかつてない特徴は、そこでは権力が統制や抑圧といった中心化・全体化を通じてではなく、むしろ脱中心点的で非全体的なものとして作用するということである、とディーンは指摘する。そして、こういった脱中心的で非全体的な権力を可能にしているものこそが、メディア・ネットワークで前景化しつつある情動であると、ディーンは批判するのである。言い換えれば、資本主義の加速を可能にしているものこそが情動であり、そしてそういった情動の管理をかつてないほどコミュニケーション資本主義はうまく行なっている、というわけなのだ。

ディーンの議論を詳しく見ていこう。そもそもディーンがコミュニケーション資本主義（communicative capitalism）という概念を提起した理由は、それによって「市場を民主主義的な切望の場であるとする、新自由主義的な考えを批判的に定式化する」（Dean 2009, p. 22）ためであった。つまり、市場を「人民の意志それ自体が発現される機構である」（Ibid.）とするような発想を、批判するために提起されたものなのである。ここで、新自由主義における経済と政治の収斂、あるいは政治の経済主義化に関して理解するために、ミシェル・フーコーによる『生政治の誕生』における批判的分析を参照したい。フーコーによれば、市場こそが合理的な秩序が現れる真理陳述の場であるとみなし、そういった合理性を計測しつつそれに基づいて統治を行うための統治技術を発展させてきたのが、自由主義的統治性であるという。そして、このような自由主義的統治性の極みこそが、戦後ドイツのオルドー学派に端を発する新自由主義であり、この学派が目論んだことは「市場の自由を、国家をその存在の始まりからその介入の最後の形態に至るまで組織化し規則づけるための原理として手に入れ」（Foucault 2004＝二〇〇八年、一四三頁）る、ということであった。つまり、自由な市場を担保することが、その市場を通じて生じるとされる秩序に基づいて、社会を合理的に組織化し編成することを可能にする、ということを原理的に正当化しようとしたのである。このような、政治の経済主義化あるいは市場化は、今日のコミュニケーション資本主義において顕著に見られる傾向であり、そういった事態をディーンは「ネットワーク化されたコミュニケーションとエンターテイメント・メディアにおける、民主主義と資本主義の奇妙な収斂」（Dean 2010, p. 4）として生じている、と指摘している。

これまで、民主主義の中心的な理想として歓待されてきた「アクセス」、「包摂」、「議論」そして「参加」といった諸価値は、グローバルに展開されたコミュニケーション・ネットワークにおいて実現されていると喧伝される一方、そのようなグローバルなコミュニケーションから商品化可能な情報を析出するというテクノロジーが発展することで、歪な形での大規模な富の集中がもたらされている。Google や YouTube、あるいは Instagram などは、サイトの人気度やフォロワー数といった形で人々の意思が随時反映されるし、ブログやX（Twitter）などではすべての人が自分の意見をいつでもどこでも自由に表明できる。こういったSNSやプラットフォームは、多様性を重んじる民主主義的理想の体現ではないか。プラットフォーマー企業は、人々がどのような情報を発信し、どういった情報を好んでいるのか、ということを商品化しているのであり、それは多様性という民主的な価値を体現しているに過ぎないだろう。であるなら、コミュニケーション資本主義のもと、一部の人々に富が集中しているのは、市場において人々の民主的な参加と意思が体現されているという合理性に基づくものであって、コミュニケーション・テクノロジーは、それを最も効率的に可能にしてくれるものである、というわけだ。

もちろん、SNS上で行われる無数の「ポスト」や「エントリー」と、それをめぐってしばしば生じる「炎上」は常に「議論」なわけではないし、プラットフォーム上での人気投票やサブスクリプションは、政治への「アクセス」や「参加」と同じではないだろう。しかし、コミュニケーション的行為こそが民主主義的政治の基盤であると主張したユルゲン・ハーバーマスの議論に照らせば、コミュニケーション自体は盛んになっており、その意味で民主主義的な条件がかつてないほど高まっているのは確かだ。しかも、グローバルな規模で。だが、その見かけ上の隆盛とは裏腹に、今日のメディア・テクノロジーを介したコミュニケーションには、ハーバーマスがコミュニケーション的行為を引き起こすであろうと期待したものが決定的に欠けている。なぜなら、「コミュニケーション資本主義においては、メッセージの使用価値はその交換価値よりも重要性が低い」(Dean 2009, p. 27) からだ。コミュニケーション的行為のハーバーマスモデルにおいては、コミュニケーションされるメッセージには意図が存在し、その意図を「理解」することで、そのメッセージの「受諾」あるいは「拒否」が生じると考えられている。このような「意図」の伝達こそがメッセージの使用価値であり、ハーバーマスモデルにおいては「理解はしたがってコミュニケーション的交換の必須の要素である」(Ibid.) のだ。しかし、コミュニケーション資本主義はそのようなメッセージの使用価値よりも、いかにコミュニケーション・ネットワーク上で循環し続けることができるかという、メッセージの交換価値の方を重視する。ここでは、誰が、どういった意図でメッセージを発したのかを理解し反応することよりも、ひたすら「反復され、再生産され、再送され」(Ibid.) 続けたメッセージを見出すことの方が、圧倒的に重要なのだ。交換価値の高いメッセージは、それを「理解」することなく、自分達の行為の準拠点とする多数の人々によって支持されるだろうし、それと同時に、そこから大きな剰余価値を生み出してくれることになるだろう。

このように、コミュニケーション資本主義のグローバルな展開によって、メッセージの交換価値の前景化と、民主主義と資本主義の収斂が生じているのだとすれば、それらへの批判的介入はいかにして可能なのだろうか。メッセージの使用価値こそを重視せよ、さもなくば我々は非合理へと転じよう、と啓蒙すべし、ということなのか。実際、コミュニケーション・ネットワークの中で「反復され、再生産され、再送され」る形で循環しているメッセージによって、多くの人々が「釣られて」いる現象は、しばしば「反知性主義」のレッテルを貼られている。しかし、「反知性主義」は良くない、知的で合理的な人間たれ、という倫理的で啓蒙的な命法は、釣られている当人たちにとっては何の意味も持たないだろう。今日のコミュニケーション・ネットワークにおいて、メッセージの交換価値ばかりが評価されているのだとすれば、我々は、意図を理解することなどそもそも欲していないのかも知れない。そうだとすれば、コミュニケーションにおいて「理解」という合理的な態度を期待することが可能であると、そもそもなぜ想定することができるというのか。メッセージの使用価値が「正しく」評価される合理的なコミュニケーションこそが、我々が根源的に求めているはずの本来的なコミュニケーションである、と無条件に想定してしまっては、状況を見誤り続けることになるであろう。使用価値が評価される場合であれ、交換価値が評価される場合であれ、コミュニケーションとしては変わりがないと考える必要がある。だとすれば、それぞれのコミュニケーションの違いは、本来的かどうかよりも、それらがどのように生じるのかということについての原理的な違いであると考えられる。すなわち、倫理的態度とは別の、それぞれのコミュニケーションを規定あるいは駆動する原理を問うという視点からでしか、コミュニケーション資本主義への批判的介入は難しいであろうということだ。

ディーンが問題とするのは、まさにこのコミュニケーションを駆動する原理についてである。ジジェクによるラカン派精神分析理論を参照しながらディーンが主張するのは、コミュニケーション資本主義を支えているのは「象徴機能の低下」(decline of symbolic efficiency) (Dean 2010, p. 5) である、ということだ。これは、グローバルなメディア・ネットワークに媒介されたコミュニケーションにおいては、意味というものの重要性が失墜してしまっているということを示している。なぜなら、ラカン派の理解に従うならば、「もし象徴の機能がその可動性を指定しているものだとすれば、つまり、一人の人から他の人へだけでなく、一つの状況から他の状況へと意味を伝達する能力を指定しているのだとすれば、象徴機能の低下とは、そういった伝達の非可動性、あるいは失敗を示すことになる」(Ibid.) からだ。つまり、コミュニケーション・ネットワークにおいて、意味の共同性を担保する象徴秩序の機能が低下しているため、我々はそこで流通するメッセージやイメージについて、それが何を意味するのかもはや正確に理解できないし、しようとも欲していない、というのである。その顕著な例が、ブログである。ディーンが指摘するには、ブログやSNSへの投稿の内容は、時として「皮肉である場合、誠実なものである場合、冗談である場合、そして、真面目なものである場合の、区別をつけることが難しい」(Ibid.) が、そういった状況を我々は疎んじたりしない。もちろん、一般的な事態としては、特にブロガーたちは自分たちの意図が正しく伝わっていないとして、本来起こるべき「議論が人身攻撃や炎上――ほぼ常にこれらは不和というよりも誤解の結果である――へと転落してしまうことを非難している」が、実際には「我々はそれらを秘密裏に享楽している」(Ibid.) のである。つまり、誤解やそれに基づく炎上騒ぎ、あるいは個人への感情的な攻撃を、我々は正すべき問題であると感じるよりも先に、「享楽」(enjoyment) の対象として求めてしまっている、というのだ。ここでは、正しい意味や意図の伝達と理解などを、コミュニケーションに求めている者などは実はおらず、むしろそれとは全く別のものを我々は求めているのだ、ということになるだろう。

そして、このような「享楽的」コミュニケーションを駆動しているものこそが、「情動」である、とディーンは分析する。「コミュニケーション資本主義のネットワークは情動的なものであるが、なぜならそれは欲動によって特徴付けられる」(Ibid., p. 119) からだ。ラカン派では、「欲望と欲動はそれぞれ主体が享楽へと関係するやり方を指定する」(Ibid., p. 40) と考えられており、そして情動とはこの「欲動」(drive) のことに他ならないとされている。ラカン派における享楽とは、主体がかつてあったはずだと想像している原初的で理想的な満足の状態を意味し、情動＝欲動も欲望もこの享楽を巡って駆動する。しかし、そのような享楽へと駆動される二つの原理、すなわち情動＝欲動と欲望は決して同じものではない。なぜなら、「欲望とは常に欲望したいという欲望であり、それは決して満たされることのない欲望、つまり、決して達成され得ない享楽へと向かう欲望である。それとは対照的に、欲動は享楽に到達しないという反復的な過程において、享楽を達成する」(Ibid., p. 40)からだ。

そもそも享楽とは、情動=欲動による満足のことであり、その意味でこの両者には直接的な結びつきが存在する。これに対し欲望とは、享楽へと向かう情動=欲動の断念によって生じる欠如によって駆動するものであり、この断念は、他者としての象徴秩序を父の名の下に受け入れることによって生じる。父の名の下での象徴秩序の受け入れのメカニズムは、精神分析においてエディプス・コンプレックスとして定式化されていることはよく知られているが、この定式化においては、我々は象徴秩序を受け入れその中に位置付けられることによって、知的で合理的なコミュニケーションを行う主体になる、と理解されている。そして、このようなコミュニケーションの継続を支えるものが、欲望である。欲望は欠如によって駆動されるが、この欠如とは、父の名の下で欲動=情動が禁止されることによって、享楽が象徴秩序において失われているという状態を指す。このような、享楽することが禁止されている中で、享楽を与えてくれる対象を求めることこそが、欲望なのである。しかし、享楽の対象はそもそも存在していたのではなく、禁止によって初めて見出されたものであり、その意味で欲望は特定の対象への欲望ではない。むしろ欲望は、禁止によって生み出された「欲望したいという欲望」であり、したがって、欲望が欲望である限り、決して欠如を埋め合わす対象を得ることはできず、象徴秩序によって認知され得ない享楽の対象を欲望し続ける、ということしかできないのだ。だからこそ、「それは決して満たされることのない欲望、つまり、決して達成され得ない享楽へと向かう欲望」なのである。

しかし、象徴秩序が衰退している状況では、欲望にとって代わって情動＝欲動が再び回帰する。象徴秩序によって享楽が喪失された後でも、その象徴秩序が十分に機能しない場合、再び享楽を回復しようという情動＝欲動が駆動し始めるのである。だが、この場合においても、原初にあったはずの享楽が回復されることはない。なぜならば、そのような享楽の存在は、欲望の場合と同じく、象徴秩序による禁止によって初めて生じているからだ。このように、欲望も回帰する情動＝欲動も、禁止のあとに生じた享楽、すなわち「剰余享楽」をもとに駆動する。しかし、回帰した情動＝欲動は、欲望と異なり、享楽へのアクセスを禁止されているわけではない。そのため、情動＝欲動は、何らかの対象を享楽の対象として、すなわち、欠如が生じる前にそれを埋め合わせる対象として、見出そうとすることになる。松本卓也は、ラカンによる「資本主義のディスクール」を参照しつつ、資本主義はこのような剰余享楽を利用しつつ、享楽の対象として商品を差し出すことを指摘し批判している（松本 二〇一八年、四八頁）[1]。このように、欲動＝情動は、原初にあったはずの「享楽に到達しないという反復的な過程において」、欠如の埋め合わせとしての対象を通じて剰余「享楽を達成する」のである。

以上の議論から、ディーンが、今日のコミュニケーション・ネットワークにおける「象徴機能の低下」によって、享楽的なコミュニケーションが前景化していると批判する理由が理解できるであろう。松本の資本主義批判と同じように、ディーンは今日のコミュニケーション資本主義が、象徴秩序の機能が衰退している状況の下、情動＝欲動を利用し、享楽の対象を我々に与えることで成り立っている、と考えているのだ。

象徴秩序が機能している下でのコミュニケーションは、メッセージの正しい意味や意図が問われることになる。象徴秩序によって意味は安定化させられている一方で、今ある安定した秩序によっては捉えきれない意味をもつメッセージが常に発せられる。なぜなら、欲望は、その対象を正しく認知してもらうことを求めるという不可能な過程の中で、今ある象徴秩序とは異なる秩序へと向かい、その結果として新しい意味が想像されていくからだ。したがって、ハーバーマスモデルにおいて理想化されているコミュニケーションは、象徴秩序が機能している下での欲望によって支えられているといえよう。これに対し、象徴機能が低下している状況でのコミュニケーションは、意味を安定化させる支えそのものが失墜してしまっているため、意味を問題にすることができない。そのため、ここでは「納得したという感覚や、ある一つの回答が正しいものでありうる、あるいは正しい、という感覚の可能性の喪失」（Dean 2010, p. 8）が生じ、あらゆるものが「単なる一つの意見」として併存することになる。この結果、我々は「無限の疑念、極度の再帰化」（Ibid., p. 6）に陥りながら、自己と他者の分断を深めつつ、尽きることのない空虚なおしゃべりをすることになる。それと同時に、情動＝欲動を強く喚起するものに際限なく引き付けられ、そこに享楽の対象を見出すようになるのだ。これこそが、テクノロジー化されたコミュニケーション・ネットワーク上で生じているものであり、そこでは情動が「再帰的なコミュニケーションから、コミュケーションそれ自体のためのコミュニケーションから、コメントと注釈とリンクの終わりのない循環運動、つまり新しいフレンドとフォロワーを参加させ、無数のコミュニケーションプラットフォームとデバイスを層化し相互に連結させるものから」(Ibid., p. 95) 生じるのだ。言い換えれば、「あらゆる小さなツイートやコメント、あらゆる転送されたイメージや陳情が、小さな情動的情報、少しの剰余享楽を生じさせ」(Ibid.)、それが反復され転送され続けることで、強い情動、大きな剰余享楽へと発展するのである。

このような情動＝欲動が、何がそれを触発する対象となるかは、大変不確実なものであることは容易に想像できよう。前節において確認したように、こういった情動の不確実性こそは、予測不可能な創発を生じさせ、それが中心化や集権化、あるいは安定的な支配を目論む統治システムへの対抗原理となりうる、とこれまで考えられてきたのであった。しかし、ディーンの見立てでは、コミュニケーション資本主義はこの不確実性、つまり脱中心的で非全体的な傾向、こそを利用しているというのである。何がどう展開するかあらかじめ見通すことはできない不確実性のもとにあって、できるだけ多く反復され拡散されたコメントやツイートあるいはイメージほど、情動を触発する力は強まるのであり、このように生じた情動的負荷の高いものを捕獲し利用しようとするのが、コミュニケーション資本主義なのだ。ディーンが主張するように、

「表向き対抗文化的な諸実践それ自体が、コミュニケーションとコントロールの拡散を導くことに奉仕している」(Ibid., p. 21) のであり、このようにして新自由主義的統治性は政治的な抵抗の潜勢力を市場へと取り込んで行ってしまうのである。まさに、個人の自由を利用した統治、というわけだ。ここでは、創発するのは市場のみであり、「政治的なものの欠如や不在が、ネットワーク化されたコミュニケーションがその周りを循環する穴」(Ibid., p. 32) となるのである。このような穴は象徴機能の低下によってもたらされたものとして理解されているが、それはディーンにとって、政治とは個人的なものではなく、集団的なものでなければならないからだ。政治は、個人的な実践ではなく、集団的な抵抗や反対運動として編成されてこそ、力を持つというわけだ。しかし、象徴秩序がない限り、我々は集団を結びつける意味の共同性――例えば、新自由主義は悪だ、と言ったような――を担保し得ないだろう。したがって、ディーンは情動を評価する理論的な試みに対して、冷ややかな態度を示す。ディーンが結論において述べることは、「私は、希望や安心の情動的な提案を、批判的なメディア理論はきっぱりと否認すべきだ、と最初から主張している」(Ibid., p. 125) というものなのだ。

4．情動的政治の可能性

共同性／協働性の核としての情動

情動がコミュニケーション資本主義によって利用されている以上、資本主義とそれを利用している新自由主義的な統治システムへの抵抗を、情動を通じて行うことは不可能ではないか。コミュニケーション・ネットワークでは人々が分断されつつ、ツイート、コメント、リンク、フォロー、サブスクリプション、あるいは釣り、といった形で享楽が生じ、コミュニケーション資本主義によって捕獲されてしまうのではないのか。このような問いかけのもとディーンが向かうのは、象徴秩序に媒介された反資本主義的な欲望のもと、「批判的メディア能力や、ローカルで、直接的で、ストリート的次元での運動の育成から、コミュニスト的ハッカーの隠密細胞の編成にまで至る、メディア政治」(Ibid., p. 126) を展開するという主張である。

しかし、以上のような情動的政治への批判に対して、本章ではその可能性を再び最後に考察してみたい。ここで参照するのは、ジェレミー・ギルバートによる議論である。ギルバートが強調するのは、ディーンにあっては共同性の構築に寄与しないとみなされていた情動こそが、共同性を可能にする原理であるということだ。例えば、ギルバートもまた、ディーンと同じく、今日の新自由主義的資本主義が情動を利用し搾取していると主張する。消費という側面に関していえば、「今日のマーケティングは情動としての興奮(例えば「バズってる」のような)とアテンションの全面的な循環と、模倣的で暗示的な諸関係の積極的な促進(つまりバイラルマーケティング)に頼っている」(Gilbert 2014, p. 148)。その一方で生産という側面においても、「過剰先進国の世界におけるほとんどの種類の労働は、今日、特定のコミュニケーション諸様式、情報の流れの管理、諸サービスと無形財の生産を伴って」(Ibid.) おり、それらは対人的な関係性において雰囲気などを読む「ソフトスキル」、あるいは社会の流行を触発するような新しいものを産み出す「創造的スキル」を必要としているが、こういった間主観的で触発的な能力は本質的に情動的なものなのだ。それゆえ、今日の資本主義は「情動性が価値の生産と搾取についての鍵となる領域となっている」(Ibid.) のである。しかし、このような搾取される情動的行為は、分断化された個人から生じるのではない。ギルバートによれば、むしろ情動は個人を横断する共同的／協働的な行為を生み出すのであり、それが資本主義によって搾取される際に個人化されてしまうというわけなのだ。

そもそも資本主義は、人々のコモン (common) を収奪し、地主や資本家個人の財産へと変えてしまうことを、その基盤としてきた。「ローカルな共同体の「コモン」の土地」(Ibid., p. 164) に対するエンクロージャーの正当化こそが、資本主義の「原始蓄積」を可能にするものなのだ。これは今日においても同様である。例えば、今日の音楽産業はこれまでの伝統的な形で利益を追求することができなくなっているが、その理由の一つが「広大なグローバル・ネットワークに参加する何百万もの人々たちの、あらゆる金銭的な補填なしにデジタルのサウンドファイルを交換したいという欲求」(Ibid., p. 157) であるという。P2P技術を利用したファイル共有プログラムなどを使えば、ミュージシャンは資本がなくても自身の音楽を無限に拡散できるし、オーディエンスは誰かがアップロードしてくれた自分の好きなサウンドファイルをいくらでもダウンロードできる。このような、メディア・ネットワーク上において垣間見えた、脱中心的で分散的だけれども共同的な活動の可能性は、レコードやCDなどを売って儲けを得るという伝統的なビジネスモデルを困難にさせていった。そして、代わりに登場したのが、我々がそれを使ってデータやファイルを配布し共有するという、共同的な活動の場そのものを、管理し秩序づけるというビジネスモデルなのだ。プラットフォーマー――Apple や Spotify など――の登場である。この結果、「ネットワーク化され、脱中心化された諸関係の構築と促進から生じた、大規模な資本蓄積」がなされるが、それは「こういった諸関係の編成全体にわたる搾取という、完全に不平等な関係性を正当化する主張と、すべての取引がある一つの中心的な場を通ることを要求することによって本質的に生じる、その諸関係の物質的な成果」(Ibid., p. 158) に基づいている。つまり、プラットフォーム的な資本主義においては、脱中心的で分散的なネットワークが利用されるが、搾取をする中心も存在するというわけだ。

ここで注目しなければならないのは、プラットフォーマーのようなことを、より協働的なバージョンとして「全く同じテクノロジーを使いながら、誰かが打ち立てることは大変容易であろう」(Ibid.) ということである。問題なのは、同じことがより非資本主義的な形で可能であるはずにもかかわらず、資本主義的/新自由主義的な統治性によって出し抜かれてしまっているということなのだ。そして、こういった状況へと批判的に介入するために、情動による共同性の可能性へとギルバートは考察を巡らすのである。そもそも、メディア・ネットワーク上でのサウンドファイルの拡散という事態は、もちろんそれがテクノロジー的な次元で可能ということであると同時に、音楽によって触発された人々による、情動的な行為があって初めて可能となっていることであるといえよう。ブリュノ・ラトゥール的に言えば、諸個人、諸技術、諸音楽、といったそれぞれのアクターが相互に触発しあうネットワークにおいて初めて、分散的でかつ共同的／協働的な活動が可能となっているのである。

では、なぜ、情動が共同性／協働性を生じさせると言えるのだろうか。ギルバートがここで参照しているのが、ジルベール・シモンドンとドゥルーズ＝ガタリの議論である。ギルバートによれば、シモンドンは、個人あるいは個体そのものなどは存在しない、と考えていたという。存在するのは、「決して完全に達成されることのない、「個体化」という様々な出来事と過程だけである」(Ibid., p. 108) というのである。もちろん、このような「個体化」(individuation) は、何もないところから突然生じるのではない。そこには、シモンドンが「前個体的なもの」(preindividual) と呼ぶ領野があり、ギルバートによればそれは関係性の領域 (field of relationality) として捉えられるという。個体化とは、様々な潜在的な関係性の中から一つの関係性が現実化し、そしてその現実化した関係性によって規定された個体が析出されていくプロセスのことを指すというのである。シモンドンにとって、こういった個体化の具体的な例は、過飽和溶液における結晶化のプロセスである。過飽和溶液に結晶が生じるのは、溶液や、溶液中に含まれている基質、あるいは溶液の構成要素が、それぞれ流動的で非安定的な関係性にあるからだ。「結晶化が生じるのは、過飽和という特定の次元に達した溶液においてのみであり、それは溶液中の構成要素間における極度の不平衡であると理解できる」(Ibid., p. 109) のである。こういった不平衡状態からの結晶化を、シモンドンは準安定性 (metastability) における転導 (transduction) と呼んでいる。この準安定性における転導が生じるためには、つまり、過飽和溶液から結晶が生じるためには、衝撃を与えることで一つの関係性を安定させる必要があるが、このような衝撃とおなじ作用を働かせるものこそが、情動なのだ。ここから、前個体的なものから個体を生じさせるものが、情動であるという論理が導き出されるのである。[2]

ギルバートによれば、以上のようなシモンドンにおける個体化の論理は、情動によって共同性/協働性が立ち上がる、集合的な政治を理解するのに役立つという。その理由は、情動が作用する前個体的な領野は、「横断個体性」(transindividuality) の基盤にもなる、とシモンドンが論じているからである。例えば、一九九〇年代におけるイギリスでの反道路建設運動は、その構成員たちはあまりにも多様であったにもかかわらず、一つにまとまりつつ協働したことが、その成功の鍵となっている。この運動の参加者たちは、イングランドやスコットランドの広い森林地帯を道路開発から守るということ以外に、自分たちの行為に対する理解には何も共有するものがなく、その意義づけや目的づけに関してはむしろ鋭く対立するものですらあったという。こういったことが可能であったのは、「情動というレベルにあって、本能的でかつ本質的に感性的な、特定の環境への愛着という形態において」(Ibid., p. 153)、諸個人が共同/協働したからである。つまり、情動は前個体的な領野に働きかけ、そこでの不平衡から転導させられた「一連の共有された想定、感覚、記憶、感情などが、集合的な目的についての、我々の感覚的な基礎を形成」(Ibid., p. 110) し、それによって横断個体性が生み出されるのである。言い換えれば、横断個体性とは、「愛着ある環境」へ脅威が迫っているという衝撃によって、呼びさまされた情動の共有なのだ。その結果、情動的なレベルにおいては横断個体的で集合的な主体が生成しているが、より論理的なレベルにおいては、諸個人の自身の行為への解釈は全く異なっている、という状態が出来するのである。

このように、情動は思考に先立ち、思考する主体の個体性そのものを生じさせるものなのだ。だからこそ、情動における横断個体性と、思考における個体性が共存しうる。第2節において情動は思考を創発させると論じたが、それは個体が情動によって生成するからなのだ。そして、こういった「生成」(becoming) の論理を提起した者達こそが、ドゥルーズ＝ガタリである。「ドゥルーズとガタリにとってここでの問題は、集団と個体化された人々の双方を構築する過程の、分子的で「リゾーム」的な側面と、アイデンティフィケーションのような心理―社会的な過程がそこにおいて認められるであろう次元であるところの、モル的で「樹状」的な側面の、両方である」(Ibid., p. 154) のだ。ここで重要なことは、生成は個体化の過程であると同時に、変容 (transformation) の過程でもあるということだ。それは、いったん安定化され静的なものにされた関係性にある存在、つまりモル的な状態にある存在が、情動を契機として、それとは異なった潜在的な関係性へと開かれ、分子が組み変わるように、新しく編成された関係性に規定された存在へと流動化していく過程なのである。そして、シモンドンにとって、個体化の論理が無機物も含めた自然一般に見られる原理であるのと同様に、ドゥルーズ＝ガタリにとっても、生成の原理は自然一般の原理であり、「そのアイデンティティにおいて実際に静的で安定的であったものなどは、これまでに何もない。岩や山ですら、全ての地理学者が知っているように、適切なタイムスケールで観察すれば、流動的で運動的な状態にあるものなのだ」（Ibid.）。すべての個体的存在は、異なったアイデンティティへと常にリゾーム的に生成＝変容する、アイデンティフィケーションの過程にあり、それは前個体的な領野へと情動が作用することによって引き起こされているのである。

今日の新自由主義的資本主義は、古典的な個人主義的リベラリズムのみならず、このような生成＝変容する諸存在を背景に駆動している。つまり、横断個体的な情動によって触発される、生成＝変容する主体による創造的活動そのものを利用し搾取しているのである。その結果、「平等主義とエリート主義、権威主義とリバータリアニズム、個人主義とネットワーク志向のコミュニケーション主義の非常に奇妙な混合物」（Ibid., p. 159）へと、今日の資本主義は変容しているとギルバートは主張する。つまり、今日における統治権力は、中心化し全体化することで市場の秩序を形成しようとする古典的な資本主義の力と、全体化から逸脱する脱中心的な運動を捕獲することで利潤を得ようとする今日の資本主義の力の双方を、利用し搾取するものとなっているということだ。ギルバートによれば、このような問題はすでにドゥルーズ＝ガタリによって意識されており、彼らは「社会関係を「脱領土化」し、そして「再領土化」する二重の傾向という観点から、資本主義の論理を一貫して理解」しており、「国家の枢要な機能とは、資本主義が必然的に作動させるエネルギー、観念、人民、そしてモノの流れを「捕獲する装置」である」(Ibid.) と分析していたという。つまり、国家とは情動的な横断個体性によって構築された共同性／協働性を捕獲し、利用する装置であるということだ(3)。このような国家観は、ドゥルーズによる「追伸――管理社会について」においても論じられており、そこでは、いまや古典的な規律訓練権力は「人間の振る舞いを先制的に制御する、より微細で複雑なメカニズムへと道を譲」(Ibid.) っている、と主張されている。

このように、資本主義とそれを管理する国家＝統治システムが更新され続けている一方で、それへの抵抗はどうであろうか。民主主義のモデルはいまだに古色蒼然としたままである、とギルバートは次のように批判する。「代表制自由民主主義の支配的なモデルは、二〇世紀初頭に完全な成人普通選挙が導入されて以来、殆どの国において目立った修正もないままである。二〇世紀初頭は、フーコーの言葉でいうところの「規律訓練権力の論理」が、国家はもちろんのこと、産業的な諸制度においても定着した時代である。「規律訓練権力」は、フーコーが一九七七年に論じたように、その抽象的な様式においてリヴァイアサンの論理と実際に大変類似したものであり、人口を個人化する一方で、権威の中心化と、その権威が諸主体の振る舞いを管理し統制するための権力を増大化するものなのだ」(Ibid., pp. 159-160)。ここでギルバートが問題にしていることは、個人あるいは個体をまさしく分割不可能（in-dividual）な主体の最小単位として、絶対化してしまうような思考のことである。今日の民主主義もしくは抵抗のモデルは、このような個人――あるいは存在の最小単位――を基盤にした近代的な思考から逃れえていないのではないか、というのだ。その意味では、ギルバートの批判に従えば、ディーンによる精神分析的政治理論も、個人という単位を前提にした上で、複数の個人を結ぶための象徴秩序と欲望の必要性を説いているという意味において、規律訓練的＝リヴァイアサン的思考の延長上にある、ということになるだろう。

しかし、それでは横断個体性をも管理の対象としてしまう今日の資本主義的統治性――つまりは新自由主義的な統治システム――に対して、対抗的な民主主義の政治の側は、あまりにも遅れをとってしまっているのではないか。民主主義のモデルを刷新するためには、横断個体的な情動の本来的な共同性／協働性を見据えつつ、変容＝生成する諸主体がいかにコモンを作り出すことができるのか、ということに懸けられているであろう。言い換えれば、複数性や多様性をラディカル化するだけでは十分ではなく、集合性をラディカル化する必要があるわけだが、その鍵となる原理こそ、情動であるのだ。

（1）ちなみに、松本とディーンの情動と享楽をめぐる政治的可能性の評価は大きく異なるように思われる。後述するように、ディーンは情動の政治的可能性をほぼ評価しないが、それに対して松本は、象徴秩序の衰退を引き受けた上での、享楽に基づいた対抗資本主義的な政治的可能性（松本 二〇一八年、二四一－二七八頁）を論じているからである。

（2）ここで注意しなければならないのは、このような結晶化＝「個体化のプロセスは、決して完成することはない」（Gilbert 2014, p. 108）とギルバートが述べていることである。むしろ結晶化＝個体化が生じるためには、そういった関係性の未完成さを通じて、情動は「前個体的なもの」を回帰させる必要がある。つまり、既存の関係性に対して「前個体的なもの」を回帰させるからこそ、情動は、「前個体的なもの」から個体を生じさせることができるのである。

（3）このようなドゥルーズ＝ガタリ理解を展開する論者として、ジョン・プロテヴィも挙げられる。プロテヴィは、非国家的な社会に対する「社会的、政治的、経済的な変容を押し付ける外在的な政治的力」（Protevi 2019, p. 43）こそが国家であり、それは非国家的社会における「内在的な情動－認知パターン」（Ibid., p. 24）の「捕獲装置」である、というのがドゥルーズ＝ガタリの主張であるという。

第三章　加速主義と情動

コミュニケーションテクノロジーの中心性?

1. はじめに

近年の資本主義をめぐる批判的言説の一つのテーマは、テクノロジー、それもとりわけここ数十年の間に急速に発展したソーシャル・メディアなどのデジタル・コミュニケーション・テクノロジーの活用によって、資本主義を超克することは可能か、といったものであろう。新自由主義に駆動されたグローバルな資本の運動によって、様々な格差が拡大し、公共圏が破壊され、失業者と余剰（過剰）人口が増大し、先進国の中産階級も含めた多くの人口にとっての労働環境の悪化や生活水準の低下に歯止めがかからないという状況の中で、こういった事態を根本的に変革する希望を見つけ出すことを、我々はほぼ諦めてしまっているように見える。すでに第一章で触れたように、「資本主義リアリズム」の蔓延する中で「再帰的無能感」とともに生きている我々は、果たして希望を持つことができるのだろうか。

その一方で、我々が生きて生活を営んでいるこの地球の自然環境は、資本主義のこれまで通りの発展に対して、もはや寛容ではいられなくなってきている。人新世の問題だ。資本主義に支えられた近代化や産業化は、化石エネルギーの莫大な燃焼や、地球資源の飽くなき消費を引き起こし、その結果「地球の限界から自らを自由にすることを求めた我々の発展モデル、我々の工業的近代性そのものが、ブーメランのように舞い戻り、地球に激突している」(Bonneuil & Fressoz 2016＝二〇一八年、三四頁)。資本主義は、完新世として規定される地質時代のような安定したものではない、予知不可能で非安定的な気候をもたらし、その結果、気候変動によって生物多様性が崩壊し、人類が生存のために必要とする様々な条件が危機に瀕するであろう、というわけだ。このような状況の中、SDGsや「新しい資本主義」などといった、あたかもこれまでの資本主義のあり方を見直すかのような身振りが、資本家の側から提示されてきているという現状がある。しかし、このような身振りもまた、資本主義を終わらすことはできないという、まさに「資本主義リアリズム」を背景に、あくまでも「修正」資本主義的な「ポスト資本主義」を志向しているに過ぎない。それは、破滅が目前に迫りつつも、根本的な対策を打つことなくただその場しのぎの延命策を施しているに等しい、といえよう。

本章で注目するのは、こういった修正資本主義的なものではなく、「資本主義リアリズム」を超えて、人新世の問題へのより根源的な応答を可能とするような試みとしての「ポスト資本主義」である。それは、現状の資本主義の次に来る(よりましな?)資本主義という意味でのポスト「資本主義」ではなく、資本主義の外部へと向かうことを志向し、資本主義とは全く別の政治経済体制を目指す「ポスト」資本主義である。そして、本章での検討課題は、このようなポスト資本主義の実現のために、デジタル・コミュニケーション・ネットワークを含めたテクノロジーはどのような役割を果たしうるのか、という問いである。このような、ポスト資本主義とテクノロジーの関係性を考察すべく、本章では、近年大きな注目を浴びた政治理論に注目したい。それは、ニック・スルニチェク（スルネック）とアレックス・ウィリアムズによる、（左派）加速主義（"Left" Accelerationism）の思想である。

2. 加速派政治宣言

ウィリアムズとスルニチェクによる加速主義派政治のマニフェストである「加速派政治宣言」（"#Accelerate: Manifesto for an Accelerationist Politics"）では、今日のグローバルな危機が次のように分析されている。すなわち、「グローバル文明は新たな種類の激変に直面して」おり、「なかでも現在最も重大なのは地球規模の気候システムの変調であり、早晩これは現在の地球人口の持続的な維持を脅かすことになるだろう」（Williams & Srnicek 2013＝二〇一七年、一七六頁）という。さらには、「金融危機の継続を通じて諸政府は、緊縮政策・社会福祉サービスの民営化［＝私物化］・大量失業・賃金の停滞といった政策を喜んで受け入れたせいで、麻痺作用をもつ死のスパイラルに引き込まれることに」もなったのであり、これらの危機はまさに「加速していく一方の破局的災厄」（同頁）であるという。まさに、人新世的な問題を中心に、（とりわけ新自由主義的な）資本主義の発展によってもたらされた危機への対応が、加速主義政治にとって焦眉の急であるというわけだ。そして、ウィリアムズとスルニチェクが特に問題視するのが、こういった未曾有の危機の加速に対して、政治はむしろ減衰しているということである。「危機が力と速度を増しているというのに、政治は衰滅と隠退へと向かうばかりなのだ。政治的想像力のこうした麻痺状態の中で、未来が取り消され、無効にされ、抹殺されてきたのであり、かかる未来のキャンセルはいまもつづいている」（同頁）のだという。だからこそ、危機への対応を加速させることを可能にするような政治が求められており、それこそが加速派政治もしくは加速主義政治であるというのだ。

それでは、このような加速主義政治とは一体どういったものなのか。一言で言ってしまえば、現状の科学テクノロジーのさらなる加速と発展を促すことで、危機的状況を作り出している諸原因を制御下に置こうとするものである、といえよう。これは、ウィリアムズとスルニチェクによって「プロメテウス的政治」[1]と呼ばれているものである。そして、このような「プロメテウス的政治」にとって、資本主義は克服されねばならない対象なのだが、その理由は資本主義が今日の危機を作り出しているから、というだけではなく、資本主義がそもそもテクノロジー的発展の加速を阻害しているから、でもあるのだ。

ここで、ウィリアムズとスルニチェクは資本主義がテクノロジーの発展に対して持つ両義性を指摘する。一方で、「これまで加速のアイデアと結託してきたシステムがあるとすれば、それは資本主義」であり、その「本質的な物質代謝は、個々の資本制的存在体間の競争にもとづく経済成長を必要としているため、競争による利益を得ようとしてテクノロジー的発展を推し進めていくことになる」（同書、一七八頁）という。つまり、資本主義とは「創造的破壊の諸力を解き放つことを通じて、テクノロジー的・社会的革新を絶えず自由に加速させていく」（同頁）傾向をはらむものであるというのである。彼らは、このような資本主義の力動性を鋭く捉えた人物として、大変論争的な現代イギリスの哲学者、ニック・ランドの存在を指摘する。そもそも、「加速主義」とは資本主義の徹底化によって資本主義を超克せんとするような思想を批判するために、ベンジャミン・ノイズが発案した言葉であったのだが、このような意味での加速主義者の典型こそ、ランドであるというわけだ。ランドは「ただ資本主義のみが比類のないテクノロジー的特異点へと向かうことができるという、近視眼的ではあるが催眠術的な作用を持つ信念を提示してみせた」（同頁）ことで、資本主義と「加速」の関係性の考察へと人々を向かわせる契機を作り出したのであった。

しかし、このような信念をウィリアムズとスルニチェクは共有しようとはしない。なぜなら、そのような信念においてランドは「速度（スピード）と加速（アクセラレイション）を混同してしまって」おり、そこで捉えられている事態とは、いかに早く動いているように見えるとしても「自身は決して変動することのない資本主義的パラメーターの厳格に規定された集合内を動き回っているだけの話」(同頁)であるからだ。そこでは、「私たちは局所的な地平でのスピードの増大を経験している」にすぎず、「それは加速というよりは単に脳死状態の突進とでもいうべき」ものである(同頁)。これに対し、ウィリアムズとスルニチェクが求める「加速様態」とは、「操縦可能でもある加速、言い換えれば、可能性の普遍空間の内部における実験的な発見過程のこと」(同頁)である、という。つまり、ランドが言うところの加速とは、加速させられている当の本人たちにとっては、自由落下のごとく制御不能なまま速度が上昇し続けるという状況である一方で、この自由落下は資本主義という場を突き抜けることは一向にできないものである、というわけだ。資本主義によるテクノロジーの発展の加速は、そのテクノロジー自体を我々にとって制御不能なものとしてしまう一方で、資本主義を機能不全へと導くことは決してないだろう。炭素ガスの排出による気候変動によって人類のほとんどが滅亡したとしても、資本主義が終わらない可能性は十分にある。それに対し、彼らが求める加速とは、マシンを運転している時の加速のようなものだ。つまり、自分たちで制御できる形でテクノロジーの速度を上昇させ、そしてそのような制御を通じて、資本主義という場から自由になるまでテクノロジーを加速させていく、ということを目標にするものだというのである。

ここで興味深いのは、「資本主義を加速させ、その矛盾を突き詰めることで、資本主義の自壊へと導く」といった、広く流布している加速主義のイメージとは、ウィリアムズとスルニチエクの議論はやや趣を異にしているということであろう。なぜなら彼らは、資本主義の加速を通じてテクノロジーの発展を加速するのでは、畢竟、資本主義を超えることはできないと主張しているのだから。むしろ、資本主義のような制御不可能な加速とは別様に、テクノロジー的発展を加速させる必要があり、それは反資本主義的な政治を通じてなされなければならないのだ。つまり、テクノロジーの発展の加速を制御することで、資本主義の桎梏から解き放たれよ、そのためには政治を！　というわけだ。

とはいえ、事はそんなにうまく運ぶのだろうか。すでに、ウィリアムズとスルニチェクの加速主義に対する批評がいくつか発表されているが、そこでは彼らの議論における「政治主義」に対する批判が論じられている。例えば、スティーヴン・シャヴィロ（Shaviro 2015）は、概ね好意的な評価を下しているものの、スルニチェクとウィリアムズが「経済的問題から政治的問題へと、やや性急に飛躍してしまっている」という点に懸念を示している。また、マッケンジー・ワーク（Wark 2013）は、彼らの議論が「いくつかの点において、むしろ時代遅れな」ものであると指摘しているが、それは、彼らの議論が古典的な左翼に見られる、前衛政党主導の集中的・計画主義的な政治の焼き直しに過ぎないのではないか、という疑念にもとづいているといえよう。結局のところ、それは経済的―物質的条件を無視したまま政治を強引に進めるという、失敗した歴史の繰り返しを引き起こすだけかもしれないし、さらには、新しいテクノ経済的条件によって可能になりつつある、これまでとは異なる闘争の可能性を、全く顧慮しないことになってしまうのではないだろうか。ウィリアムズとスルニチェクは、水平主義的でローカルかつ直接的な闘争としての「フォーク・ポリティクス」に対し、その場しのぎ的で長期的な視野——すなわち、戦略——の欠けたものに過ぎないとして激しい批判を行っており、それらを計画的に統治する「集団的にコントロールされた正当な垂直的権威」（Williams & Srnicek 2013＝二〇一七年、一八三頁）の必要性を説いているが、それこそがこのような時代遅れな政治主義の証左なのではないか。それに対し、重要なのは「台頭しつつある生産形態の中にあって、それに対して闘争する主体《エージェント》とは誰か」を問うことによって「新しい闘争の形態に関わる」ことであり、そのためには「フォーク・ポリティクスと技術政治《テクニカル・ポリティクス》が相互に対話する必要がある」（Wark 2013）だろう。

しかし、ウィリアムズとスルニチェクの議論の詳細を検討するより先に、以上のような批判を受け入れるのは少々公平性に欠けるであろう。そもそも、彼らの政治とは一体どのようなものので、それは上記のような批判が妥当するようなものなのであろうか。そこで、次節以降においては、「加速派政治宣言」の発表の後に、そこでの議論をより具体的に深化させたものとして刊行された著作『未来を発明する』（*Inventing the Future*）を検討することで、彼らによる政治について考察してみよう。

3. 政治的原理としてのハイパースティション

『未来を発明する』は、二〇一五年にスルニチェクとウィリアムズによって発表された。興味深いことに、そこでは「加速主義」の言葉の使用は慎重に避けられている。しかし、その理由は「この概念を巡って競合する理解が生じており、そこから悪影響」を受けることを避けるためであって、たとえこの言葉自体が使用されていなかったとしても、「加速主義的な信条を、いかなる意味でも、放棄するものではない」(Srnicek & Williams 2015, p. 205) という。その意味で『未来を発明する』は、「加速派政治宣言」における「提案にもとづいて構成し、さらに拡大したもの」(Ibid.) として発表されたものなのである。

それゆえ、その理念的な議論においては、核になるものとして加速主義的な概念が参照されている。それは、ハイパースティション (hyperstition) なる概念である。スルニチェクとウィリアムズは、ポスト資本主義へと向かうプロジェクトのために不可欠なものとしてハイパースティションについて触れ、次のように述べる。

それはフィクションの一種であるが、しかし真理へとそれ自身を変容させることを目論んでいるものである。ハイパースティションは、触媒として、拡散した心情を刺激しつつ、それらを一つの歴史形成的な力へと変化させ、それによって未来を現実化させるという形で、作動する。ハイパースティションは、「となることが完了するだろう」という未来完了形の時間的形態を持つものなのだ。

(Ibid., p. 75)

そもそもハイパースティションとは、ニック・ランドとサイバーフェミニズムの哲学者であるセディー・プラントが中心となって、ウォーリック大学に設立されたサイバネティック文化研究ユニット（CCRU）において提唱された概念である。迷信を意味する「superstition」に「hyper」という言葉を組み合わせることで生み出されたこの概念は、迷信——つまり現実には基盤を持ち得ない誤った信念や認識——として通常みなされるものが持ちうる、実質的で現実的な効果を問題にする。それは、デルフィ・カーステンズがランドを参照しつつ指摘するように、「理念というまさにその実存において、それ自身の現実を原因としてもたらすべく機能するもの」であり、「「フィクションを現実へと変化させる」という問い」（Carstens, 2010）に関わるものなのだ。このようなものの具体例として挙げられるのは、「ユダヤ－キリスト教」や「自由市場資本主義」などである。これらは、「ハイパースティション的な力動性を、押さえつけることが不可能なほど前例のない強度において受肉」させるものであり、特に資本主義は「日常的な経済的「投機」を一つの効果的な世界－歴史的駆動力へと転換する」（Ibid.）ものであるという。宗教的な信条は、たとえそれが現実的な根拠のないものであったとしても、それを奉じる人々に対してその来るべき宗教的終末を現実化するように駆り立てる。また、資本主義市場もまた、現実には根拠のない未来についての不可能な予断=予言を通して、特定の現実を出来させるように人々を投機させる。「ただ単に今現在現実ではないからと言って、それは未来の何らかの時点において現実にならないことを意味しない。そして一度現実となれば、それはある意味において、常に現実であったのだ」(Ibid.)。このように、「宗教的な謎めいた教説として表現されようとも、あるいは世俗的な信条として表現されようとも、ハイパースティションは触媒として作用し、より多くの(そしてより速い)変化と転倒を生起」(Ibid.)させる。そしてこの結果、「黙示録的なポジティブフィードバックサイクル」(Ibid.)が生じることになる。それは、「理念それ自身がハイパースティションとして機能するだけでなく、それによる文化的変革(それが十字軍、ジハード、世俗的戦争、産業もしくは経済革命等といった、どのような形態であろうとも)によって生じさせられたトラウマや恐怖が、単純にその基本的な前提をさらに強化し、煽り立てることに奉仕する」(Ibid.)からなのである。

このように、特定の理念や理想への信仰に基づいた強迫症的な行為が再帰的なループを形成することで、今ある現実においてはそれが現実化されるとは想定されていなかった、全く異なる現実を招来する。これこそが、「黙示録的なポジティブフィードバックサイクル」であり、我々にとってそれは、「未来の衝撃《フューチャーショック》」――急速な社会的・テクノロジー的変化による不安――

に基づくことになるだろう。つまり、今日では予測不可能な未来への不安に基づいた憶測＝思弁＝投機《スペキュレーション》こそがハイパースティションの機能であり、その意味においてそれはまさに「hype」——近代的現象としての、「出来事」を生じさせる過剰な興奮——なのである。

> CCRUは分裂症分析《スキゾアナリシス》の様式を利用しながら、「K―タクティクス」なる言葉を作り出した。これは、現代の情報文化におけるハイパースティションの作用を描写するためである。ランドが説明するところによれば、「K―タクティクス」とは「未来を建設することではなく、過去を解体すること…そして単線的な進歩主義［の物語］を条件づけている技術的神経化学的な欠陥から逃れることが、問題となっている。」未来の衝撃によって誘発された文化的病いの一つの典型的な症候として、ハイパースティション的な「感染」は、最も恐怖されるものをもたらす。それは、制御不能な螺旋運動をする世界、というものだ。ランドによれば、これこそがまさに「ハイパースティション的なサイバネティック主義者」の仕事なのだ——すなわち、「未来の過去への影響を登録する、収斂する波」を見つけ出すことで、歴史の「循環経路を閉じる」ことである。
>
> (Ibid.)

過去から未来への単線的な発展を想定するのが進歩主義であるのに対し、未来の衝撃《フューチャーショック》はそのような想定を不可能なものにしてしまう。その中にあって、進歩の行方を何らかのイメージとして展望することは、そのような不安が大きければ大きいほど、虚構的なものとなると同時に、興奮《ハイプ》を掻き立てるものとなるだろう。サイバネティックス的には、予測不可能性が増せば増すほど、未来に関する情報の価値は高騰し、それへの投機は熱を増す。このような興奮を伴った進歩への追随は、未来に先導される（つまり因果が転倒される）形で、不確実で不安定な現在に対して、その過去とは断絶された何らかの現実を現実化させることになろう――それは歴史を一つの方向へと収斂させ、閉じることを意味する。だとすれば、このようなハイパースティション的投機がもたらすものは、過去から未来への因果的進歩観に支えられた近代への進歩主義的な転倒と断絶であり、それはすなわち近代の黙示録的結末となるだろう。

「「未来の衝撃《フューチャーショック》」は黙示録の因果的条件を生じさせるべく、それによってハイパースティションが機能する、一つのメカニズムなのである」(Ibid.)。進歩のその先から、その進歩の外部が侵入し始めるのだ。

スルニチェクとウィリアムズは、このようなランドやCCRUによるハイパースティションの概念に、実は大変忠実である。表面上では、前者と後者は、その黙示録的世界観への態度という点において大変対照的であるように見える。例えば、スルニチェクとウィリアムズは、我々のもつ未来のイメージがディストピア的なものであることに不満を表明している。「我々は、次のように信じるより強い傾向がある。すなわち、生態学的な破局が差し迫っており、増大する軍事化は不可避であり、そして不平等の上昇は止めることができない、と。現代のサイエンス・フィクションはディストピア的嗜好によって支配されており、より良い未来の可能性よりも、世界の没落を描くことにより没頭している」(Srnicek & Williams 2015, p. 138) のだ。そして、ディストピア的な想像力に対して、ユートピア的な想像力の重要性を彼らは強調する。「左派は、可能性の空間を拡張し、今現在の状況への批判的な展望を動員し、そして新しい欲望を育成するために、ユートピアへの衝動をネオリベラリズムの軛から解放しなければならない」(Ibid., p. 139) というのだ。このようなディストピアへの不満とユートピアへの志向は、黙示録的な未来を展望するランド＝CCRU 的なハイパースティションと対立するものであるように思われるだろう。なぜなら、ランド＝CCRU 的な未来イメージは、この近代の外部を召喚することができるのであれば、それがたとえ「非合理的で怪物的な他者の回帰」(Carstens 2010) による破滅を生じさせるのだとしても、それを進んで熱狂的に迎えるべきだ、というものであるからだ。

このような対立は、資本主義にどのような態度を取るべきかということに対する分岐を生じさせることになるが、しかし、ここでは両者がハイパースティションをめぐって、原理的にはより深いレベルで通底していることをむしろ確認したい。というのも、進歩への追随によって近代的な進歩主義を超克するというプログラムを、両者は共有しているからだ。スルニチェクとウィリアムズにとっては、まさにユートピアという概念そのものが、特定の未来への信仰に基づくハイパースティション的な投機を支えるものなのだ。

> ユートピアは、進歩というハイパースティションの具現化である。それは、未来に対して、それが実現され、欲望の不可能だけれども必然的な対象を形成し、そして我々に希望の言葉とより良き世界への熱望を与えてくれることを、要求する。
>
> (Srnicek & Williams 2015, p. 138)

だからこそ、スルニチェクとウィリアムズは「モダニティ」という概念をあえて利用する。彼らにとってモダニティとは、現状の権力関係を肯定するために動員される「単線的な進歩主義の物語」を意味するのではなく、むしろ現在においてはそれが実現しうるとは想像するのが難しい――この意味において現在と断絶している――かたちで進歩した未来のイメージ、言い換えればオルタナティブな未来のイメージを意味するのである。近代による近代の超克。このようなモダニティへの信仰に支えられてこそ、現状を変革するあらゆるユートピア主義的な政治的プロジェクトが可能となると、彼らは主張する。

様々なモダニティは可能なものであり、未来に関する様々な新しいヴィジョンは左派にとって極めて重要なものなのだ。このような諸イメージは、変革を目指すあらゆる政治プロジェクトにとって、必須の補完物なのである。それらは政治的闘争に方向性を与えるとともに、どのような係争を支持し、どのような運動を通じて抵抗をし、そして何を発明すべきなのかなどといったものに関する、裁定の基準となるものを産み出してくれるのだ。

(Ibid., p. 74)

まさに現実は、過去に規定されるのではなく未来に先導される形で、現実化されるというわけだ。そして、このようなハイパースティション的な投機において、スルニチェクとウィリアムズが注目するのが情動の役割である。

最終的には、未来を肯定することにおいて、ユートピアは情動的な調整役として機能する。それは、意識的そして前意識的レベルにおいて、我々の欲望と感情を操り修正するのである。ユートピアは、全ての種類のそれにおいて、究極的には「欲望の教育」に関係しているのだ。ユートピアは我々に枠組みを与え、どのようにそして何を欲望すべきか命じるが、その一方で、合理性という束縛からこういったリビドー的要素を解き放つのである。ユートピアは我々に、目標にすべきなんらかのものを与えてくれる――永遠の現在としての資本主義によって提案される、相も変わらないものの古色蒼然とした繰り返しを超える何かを、である。現在性にヒビを入れこじ開けるという営みと、より良い未来のイメージを与えるという営みにおいて、現在と未来との間の空間は、希望と「さらなるものを」への欲望のための空間となる。こういった情動を生み出し水路づけることで、ユートピア的思考は行為への刺激、つまり変化への触媒、となることが出来るのだ。

(Ibid., p. 140)

ここで欲望と呼ばれているものは、我々にとってみれば情動とは異なるものとして捉えられるべきものであろう。第二章において考察したように、情動は欲望ではなく欲動のレベルで機能するものだからだ。すでに構築された現実性の中で喚起されるものが欲望なのだとすれば、情動は新たな現実性を生じさせるものなのだ。情動は欲望以前に存在し、欲望を可能にする基盤を生じさせる。これこそまさに情動の作用である。その意味では、ユートピアへと向かうものは欲望であり情動ではないが、そのような欲望に駆動される主体を触発し生成する、進歩というハイパースティションこそは情動的なものだといえるであろう。そして、だからこそ「ユートピアは情動的な調整役として機能」すると言いうるのではないだろうか。

4. プロメテウス的政治と総合的自由

進歩というハイパースティションはまた、人間性というものに対するあらゆる規定を払い除ける。それが制限なき進歩を意味するのであれば、人間性は、テクノロジーの発展を利用しつつ、いくらでも作り変えることが可能なはずだからだ。ありうべき進歩という発想、言い換えれば、何らかの本質を措定した上で（例えば、自然主義的な人間観など）、その本質に沿った形での進歩のみを正当とするような発想は、ここには存在しない。つまり、進歩というハイパースティションは、プロメテウス的政治を支えるものでもあるということだ。

この解放の思想の背後にあるものは、人間性に関する一つのヴィジョンであり、それは改変可能で構築可能であるという仮説である。これは、理論的そして実践的な実験と精緻化を通じて、構築されたものだ。実現されるべき本来的な人間的本質や、回帰すべき調和的な統一性や、間違った媒介によって見えなくなってしまっている疎外されていない人間性や、達成されるべき有機的な全体性、などといったものは存在しない。疎外とは可能性の一つの様態であり、人間性とは変化への完結することのないベクトルなのである。我々がそれであり、我々がそれへと生成することのできるものとは、目標に対して開けているさまざまなプロジェクトであり、これは時間の経過において構築されるべきものなのである。

(Ibid., p. 82)

進歩というハイパースティションにとっては、疎外はむしろ歓迎すべき事態だという。なぜなら、疎外とは本質を措定した上でのみ、否定的な意味合いを持つからだ。しかし、プロメテウス的政治にとって、回帰すべき本質など存在せず、人間性は常にすでにテクノロジーによって疎外され続けているものなのである。「それは、集合的でテクノロジー的な拡張についての実験と、自然なものそして不可避なものとして現れるいかなる障害も受け容れることを断固拒否するという精神とを、要求」するのであり、「サイボーグ的拡張、人工生命、統合的生物学、そしてテクノロジー的に媒介された再生産、これら全てはこういった試みの例」(Ibid.) として、受け入れられるべきものなのだ。

セディー・プラントによる「女性であるということが何でありうるのかということについての、漸進的な再エンジニアリングが更新中であり、我々はそれが何か未だに知らないのである。我々は見つけ出さねばならないのだ」(Ibid.) という主張を参照しつつ、彼らはポストヒューマン的な主張を次のように述べる。

それゆえ、分節化されねばならないのは、前もって定義されていないヒューマニズムである。これは自己実現のプロジェクトであるが、しかし前もって設定された終局点のないものである。人間性がそれ自身を知ることが可能になるのは、修正と構築のプロセスを経験することを通じてのみなのだ。これは、人間なるものを理論的かつ実践的に見直すことを意味し、「人間なるもの」を明示的なものとする実践の結果生じたものとしての、存在の新しい諸様態と社会性の新しい諸形態に取り組むのである。それは、何とかして人間の偏狭なイメージを守ろうとするヒューマニズムに反対するような、干渉主義的なアプローチを人間に対してとることになる。これらの干渉は、個人の身体的な実験から、人間についての厳格なイメージに反対する集合的な政治的動員にまで及ぶが、すべてのものはこの間にある。これは、資本主義的近代が植え付けてきた人間性についての貧弱な経済的イメージから、我々自身を解放し、そして新しい人間性を発明することを意味する。それゆえ解放は、このヴィジョンのもとでは、人間性の能力の増大を意味し、この能力とは、どういったものであれその欲望が生成せんとするものに従って、行為するという能力のことなのだ。そして、普遍的な解放とは、我々人間種全体へと向けて、この目標を、断固たる態度で最大限まで拡張するということになるであろう。この意味において、普遍的な解放とはモダンな左派の核心にあるものなのだ。

(Ibid., pp. 82–83)

ポストヒューマン的なプロメテウス的政治こそ、(左派)加速主義者が目指すべき政治である。言い換えれば、プロメテウス的政治に必要なものこそが、人間能力の飽くなき拡張のために、テクノロジーの発展を加速させるということなのだ。そしてこの根幹にあるものが、進歩あるいはモダニティというハイパースティションである。これによって情動を触発されることで、ポストヒューマン的、あるいはプロメテウス主義的なユートピアを具現化せんとする主体が生成する。そして、このユートピアとは、資本主義リアリズムに支配された今日の我々にはその現実性の想像がつかない、未来＝進歩としてのポスト資本主義社会であるのだ。以上が、スルニチェクとウィリアムズによる政治理論的な理路であるといえよう。

このようなプロメテウス主義的な可能性の拡張は、総合的自由（synthetic freedom）の達成としても語られる。西欧の資本主義的自由主義国家は、アイザイア・バーリンが唱えた「消極的自由」について「その優越性を繰り返し主張し続けてきた」が、それは結局「我々の労働力を売り、輝くような新しい消費財の大群の中から選ぶ経済的自由、へと翻訳されて」しまっている。そこでは、「富者も貧者も、この両者の行為能力における明らかな違いにもかかわらず、等しく自由であるとされ」ており、「大量の貧困、飢え、ホームレス状態、そして不平等」(Ibid., p. 79）を野放しにすることと共犯関係に陥ってしまっているのだ。

それに対して、総合的自由とは、「実質的な能力なき形式的権利は無価値であると考える」ものである。その重要性は、「民主主義の下では、例えば、我々全員、形式的には、政治的指導者に立候補することは自由である。しかし、政治運動に打って出るための財政的および社会的資源がなければ、これは意味のない自由となってしまう」（Ibid.）ということからも、明らかであるという。何かを欲望してそれを達成できることを自由として理解するならば、その自由の達成のためには実質的な力（権力や能力）が必要となる。消極的自由は権利として欲望することを認めるが、それを実現するための実質的な力の有無は、個人の責任に帰してしまう。それに対し、このような実質的な力を全ての人が保持できなければ、権利そのものの意味がないとするのが、総合的自由の理念なのだ。

もし権力というものが、他の誰かや何かに対して、意図した効果を産みだすための基本的な能力だとすれば、我々の欲望を実現する能力における増大は、同様に我々の増大となるのだ。行為するための能力をより多く持てば持つほど、我々はより自由となるのだ。資本主義の最も大きな罪状のうちの一つは、それがほとんどいないようなごく少数の者たちにとってだけ、自由を現実的なものにしているということだ。だからこそ、ポスト資本主義世界の最も重要な目的は、統合的な自由を最大化すること、いいかえれば、人間性の全てを開花させ、我々の集合的な地平を拡大すること、であるだろう。

(Ibid., pp. 79–80)

そして、このような総合的自由の達成のために必要なのが、「基礎的な必需品の供給、社会的資源の拡大、そしてテクノロジー的生産能力の発展」(Ibid., p. 80) であるという。そもそも基礎的な必需品や資源に事欠くようであれば、我々はそれらを獲得するために労働することにその生の大半を費やせねばならず、結果として自由な時間を担保することも、自由を達成するための資源を確保することもできないであろう。その上で、総合的自由にとっての自由とは、現状において可能な選択肢という意味を超えて、潜在的な可能性にまで自由が拡張されねばならないという。ここにこそ、プロメテウス的政治原理としての、総合的自由の真骨頂が存在するといえよう。ここでは自由は欲望との関係において構想されているが、だとすれば、欲望を達成するという意味において、「総合的自由は人々が持つであろう欲望に対して、それが何であろうとも、開けてなければならない」(Ibid.)のである。そして、このような自由の潜在的可能性の達成のために、「社会的資源の拡大」、つまり社会的に共有されている「知識の発展、進化、そして拡大」(Ibid., p. 81)によって、個々人の持ちうる力の底上げを図ると同時に、テクノロジー的発展を加速させることの飽くなき追求を通じて、「行為のための既存の能力を拡大するとともに、そのプロセスにおける全く新しい能力の創造」(Ibid., p. 82)が必要となるというわけなのだ。

以上のように、総合的自由の達成とは、「この世界の必要物を解放し、そしてそれらを自由のさらなる構築のための材料へと変化させる、仮借のないプロジェクト」(Ibid.)である。こういった制限なき自由拡張のプロジェクトこそがプロメテウス的政治の本質であり、そういった政治が要請されるのは、そもそも「自由は総合的な企てであり、自然からの贈り物ではない」(Ibid.)からなのだ。

5. ヘゲモニー実践としての加速主義

前節までにおいて、スルニチェクとウィリアムズによる加速主義の構想における、その理論的、思想的基盤について確認してきた。これらを踏まえた上で彼らは具体的な政治的実践のプロジェクトを提案しようとするが、その実践を端的に言えば、「対抗的ヘゲモニーの構築」ということになる。スルニチェクとウィリアムズにとって、このプロジェクトは普遍的なものの構築を意味する。なぜなら、今や唯一の普遍として機能している資本主義に抵抗するためには、今日における左派の間で主流の、水平主義的で、局地的で、直接的で、一時的な運動では全くもって不十分であるからだ。過去数年の間に、オキュパイ運動などの左派的フォーク・ポリティクス――その特徴は、「1．あらゆる支配の拒絶、2．直接民主制そして／あるいは合意的な政策決定の固守、3．予示的政治[2]への専心、4．直接行動の強調」(Ibid., p. 27)、として挙げられる――は世界各地で見られたが、「しかしこれらの場所は、明白に一時的なものとして理解され、作られた――そこは、持続可能な変化や、具体的なオルタナティブが機能するための場所ではなかったし、まして、グローバル資本主義に対して野心的に対抗しようとする者たちにとっての場所でもなかった。かわりに、これらの場所は、直接的なコミュニティを一時的に経験する、短期的場所であった」(Ibid., p. 34) のである。それに対し、今日における喫緊の課題とは、資本主義の包括性に全体として対抗しうるような、対抗的な普遍をヘゲモニーとして構築するということなのだ。もちろん、ここでの普遍とは、批判理論において批判されてきた西洋中心主義的な普遍のことを意味しない。むしろスルニチェクとウィリアムズが提起しようとする普遍とは、「諸普遍として、ヘゲモニー的な闘争を通じて、何らかの特殊がこの（＝普遍という：著者補足）ポジションを占有しようとすることで、立ち現れる」（Ibid., p. 77）ものなのである。すなわち、「普遍は特殊において具体化されるようになり、その一方で、特殊は普遍として機能することにおいてその特殊性のいくつかを喪失する」が、しかし、「完全に達成された普遍性が現れることは決してありえないのであって、したがって、諸普遍は自身とは別の普遍による混淆に常に開かれている」（Ibid.）のだ。

このように、対抗的ヘゲモニーを構築するプロセスにおいては、何が普遍なのかという問いをめぐる闘争でなければならない、というのが彼らの主張なのである。そして、普遍それ自体は決して現れることがない以上、この問いは常に特殊具体的なものを通じてなされなければならない。ここで、前節までの議論を敷衍すると、対抗的ヘゲモニーのために動員されるべき普遍的理念は、進歩というハイパースティションよって支えられたユートピア的未来、あるいはモダニティといったものとなるだろう。そして、その理念を具現化する特殊具体的な内容として彼らが提案するのが、ポスト労働的世界とそれを支える四つの要求、すなわち、「1．完全なる自動化、2．労働時間の削減、3．ベーシックインカムの給付、4．労働倫理の弱体化」

(Ibid., p. 127) である。これらは、「我々を資本主義から決別させるものではないだろうが、しかしそれらは我々をネオリベラリズムから決別させ、政治的、経済的、社会的な力における新しい均衡を打ち立てることを約束するもの」(Ibid., p. 108) であるという。彼らは「左派はポスト労働的な合意のもとに動員をはかるべきだ」という認識の上に、「資本主義が負けを認める限界まで、ユートピア主義的なエッジを効かせ続ける」ことが可能な、長期的な展望にもとづいた「集合的な行為主体を再構築」(Ibid.) するための戦略として、このような要求を主張するのである。

しかし、スルニチェクとウィリアムズは、対抗的ヘゲモニーの構築を主張するだけでは飽きたらない。彼らは、単に政治的動員を図るだけでは、フォーク・ポリティクスと同じく事態は何も好転しないと考えるのであり、動員を成功させるためには認識論的・物質的双方の基盤の長期的な変換が必要であると主張する。ここで彼らが念頭においているのは、ネオリベラリズムの浸透を長期的なプロジェクトとして成功させた、モンペルラン・ソサエティ（MPS）の存在である。フリードリヒ・ハイエクを中心としたMPSの方針は、第二次大戦後、「それに従って世論が形成されるであろうパラメーターを特定の値に固定するため、エリートたちの意見を変化させる」(Ibid., p. 55) という長期的な戦略をとっていた。というのも、ケインズ主義が常識としてヘゲモニーを握っていた当時の世界にあって、「一般的な想定とは反対に、資本家たちは当初、ネオリベラリズムを自分たちの利害にかなうものであるとはみなしていなかった」（Ibid.）からである。それゆえ、「ＭＰＳの主要な任務は、資本家たちにたいして、なぜ彼ら・彼女らはネオリベラリストになるべきなのかということを、教育することであった」（Ibid.）のであり、それは大学での寄付講座やシンクタンクの設立、あるいは政治家へのロビー活動といったような形で、「ネオリベラリズム的インフラストラクチャーの種」（Ibid., p. 54）をグローバルに撒くことによって、「常識」を変化させることを通じ、成し遂げられていたのであった。このことは、「右派の近年における最も大きな成功――グローバルな規模におけるネオリベラリズムのヘゲモニーの確立――は、非フォーク・ポリティクス的な手段によって達成されたものである」（Ibid., p. 66）ということを示しており、だからこそ、左派もまたフォーク・ポリティクスから脱し、ＭＰＳの手法に学ばねばならない、というわけなのだ。

つまり、対抗ヘゲモニーの構築のための戦略とは、「全面的な闘争が勃発するという契機に向けた準備的な作業を伴い、我々の社会的想像力を変容させ、我々にとって何が可能なのかという感覚を再構成する」（Ibid., p. 132）ものなのである。それは、「新しい世界への支持とそのための共通言語を作り上げ、危機が社会の正統性を動揺させる時に備えながら、権力のバランスを変革することを追求する」（Ibid.）という、「新しい常識の導入を目的とする試み」（Ibid., p. 131）なのだ。このような「新しい常識」が導入され浸透することで、初めて対抗的ヘゲモニー構築へと向けた人々の合意が調達できるのであり、言い換えればヘゲモニーの構築とは「合意をエンジニアリング」することなのである。

しかし、この場合の新しい常識の導入とは、イデオロギー的あるいは認識論的なレベルにとどまる問題ではない。それは、すでにMPSが行っていたように、「知的インフラストラクチャーを創造すること」を通じて、「世界観を吹き込み、具現化し、そして拡散するのに必要な、制度的で物質的な経路によって構成」(Ibid., p. 134) するという意味での、物質的・制度的なレベルでの介入が含まれる。そして、さらには、我々を取り巻く「建造環境」やテクノロジーのレベルにおいても、新しい常識は導入される必要がある。「例えば、我々の現行のインフラストラクチャーは、個人や集団が何を欲しようとも、個人主義的で、炭素に基づく、競争的な形態を持つものへと我々の社会を方向付ける傾向にある」ため、「それは徹底的に資本主義によって構築され、資本主義と関係させられて」(Ibid., p. 145) しまっている。言い換えれば、「我々の経済は石炭、石油、天然ガスの生産と分配、そして消費を基盤に編成されており、そのことが経済を脱炭素化することを非常に難しくしている」(Ibid., p. 136) のだが、これはむしろ「資本主義においては、テクノロジーの潜在的可能性が劇的に制限されてしまっている」(Ibid., p. 146) からこそ生じている事態でもある。つまり、「この問題の裏面は、ひとたびポスト資本主義的なインフラストラクチャーが構築されたら、どのような反動的な力があったとしても、そこから離れていくのは難しいであろうということ」(Ibid., p. 136) を意味しており、そのためにはテクノロジーの「隠された様々な潜在的可能性を明らかにし、そしてそれらを拡張可能な変化の諸過程へと、接続すること」(Ibid., p. 146) が必要となるのだ。だからこそ、新しい常識の導入には、炭素エネルギーに依存した資本主義的な生産と消費の様式を超克するべく、現行のテクノロジーの持つ潜在的可能性を高めることを通じて、新しいテクノロジーとテクノロジー的なインフラストラクチャーの導入が不可欠なのである。そして、このようなテクノロジーの潜在的可能性の加速のためには、「テクノロジー的創造の方向性に対する、大衆的なコントロールを可能にする制度的な機構を、どのように開発するか」(Ibid., p. 147) にかかっているという(3)。

では、以上のような対抗的ヘゲモニー構築の主体は誰なのであろうか。もちろん、ハイパースティションによって情動を触発された人々、ということはできるであろう。しかし、情動的に動員される人々と、その動員を成功させるための新しい常識を浸透させる人々は、同じ存在なのであろうか。これに対する彼らの回答は、「大衆的ポピュリスト運動」を動員しつつ、さまざまな既存の運動体や組織を多元的に繋げ、ネットワーク化する「組織の健康的な生態システム」を構築することで、「ポスト労働的プロジェクトの実効的行為主体」を立ち上げねばならない、というものだ。

「先進国の労働者たちはプレカリティへと先祖返りしており、そして、より多くのグローバルな人口が資本主義下での「自由」な労働者階級として組み入れられるにつれ、より広範な人々が基本的なプロレタリア的条件によって特徴付けられるようになってきた」(Ibid., p. 156) にも関わらず、古典的な労働運動が期待していたような、産業労働者による階級的な主体性を期待することはもはやできない。それは、「脱産業化、生産のグローバル化、サービス経済の台頭、プレカリティの増大、古典的なフォーディズム的地盤の解体、そして多様なアイデンティティの増殖という複合的なプレッシャーのもとで、産業的労働者階級は深刻なまでに破砕されている」（Ibid., p. 157）からであり、そのため、「今日、誰が変革的な主体たり得るのか」という問いに対しては、「いかなる答えも提示されていないことを、我々は受け入れなければならない」（Ibid., p. 158）という。このような中で、多様性を包摂しうる対抗的主体としての「人民」を立ち上げる必要があり、その方策こそがポピュリスト的運動であるというのだ。エルネスト・ラクラウの議論を参照しつつ、スルニチェクとウィリアムズは「ポピュリズムとは政治的論理の一つの類型であり、それによって、共通の敵に対抗し、新しい世界を探求するべく、異なった諸アイデンティティが結び合わされる」（Ibid., p. 159）ものであり、それによって立ち上がる人民とは、「いかなる概念的な統一性が欠如している状況でも、名目的な統一性によってまとめあげられるもの」（Ibid.）であると主張する。こういったポピュリスト運動はフォーク・ポリティクスと異なると彼らは主張するが、その理由は、ポピュリズムは「差異と特殊主義との継続的な交渉を伴うのであり、あらゆる遠心的な力にもかかわらず、共通の言語とプログラムを打ち立てようと模索する」（Ibid., p. 160）のであって、「前者（＝ポピュリズム：著者注）が共通の言語とプログラムを打ち立てようとするのに対し、後者（＝フォーク・ポリティクス：著者注）は自分達を差異として表現し、あらゆる普遍化された機能を避けるために、差異の方を好む」からなのである。

そして、このようなポピュリスト運動に加えて、そういった様々な運動や、あるいは運動と既存の組織との間を繫げる、多元的なネットワークを構築する必要がある。「純粋に量的な水準においては、左派は右派と比べて顕著に「弱い」わけではない——大衆的な動員を達成する能力という観点から見れば、その反対が真実にさえ見える」が、問題なのは、その次のステップとして「どのようにそういった力を組織化し、展開するのか、ということである」(Ibid., p. 162) のだ。そのために、「我々が必要としているものは、健全で多様な組織の生態システムという観点から考察する」ということなのである。「成功する政治的運動においては、実行されるべき、さまざまな必要不可欠な任務が存在する」のであり、それは「単一の制度的タイプの結果ではなく、諸組織の広範な生態系の結果である」(Ibid., p. 163) のだ。だからこそ、例えばメインストリームのメディア組織や、シンクタンク、大学学部やそれ以外の教育機関、訓練・啓発機関、労働組合、そして政治政党に至る、広範な連携を構築することで、運動のための生態システムを構成する必要があるというわけだ。これによって、「諸組織の間の機能的な補完性」を発揮することが可能となる一方で、「特定の組織や組織的形態のフェティッシュ化」(Ibid., p. 169) を避けることができるというのである。

6. テクノロジーへの問い

以上、スルニチェクとウィリアムズによる、ポスト資本主義へと向けた加速主義的政治の概要を確認してきた。ここで再び、スルニチェクとウィリアムズの議論に対する批判を検討してみよう。とりわけ、彼らの議論において政治とテクノロジーの関係がどのように分節化されているのかに関する、ワークとアレクサンダー・ギャロウェイによる批判的分析を参照したい。

すでに確認したように、ウィリアムズとスルニチェクの議論には計画主義的な傾向が見られると批判した上で、ワークは、政治によってテクノロジーを方向付けるという彼らの思想を疑問視する。ワークは次のように主張する（Wark 2013）。「「テクノロジー的なものは政治的（あるいは社会的）に構築されている」という言葉は意味がない。人が政治的なものあるいはテクノロジー的なものを語っているとき、その人は同じシステムを異なったレンズをとおして見ているに過ぎない」。つまり、政治的なものはテクノロジー的であり、テクノロジー的なものは政治的なのであって、そうである以上、政治をテクノロジーから切り離した上で、テクノロジーに優越するようなものとして「フェティシズム化」することは、許されないであろうというわけだ。言い換えれば、政治主導でテクノロジーを加速することは本当に可能なのか、という問いがここでは投げかけられているといえよう。

そして、ワークよりさらに厳しい批判を突きつけているのが、ギャロウェイである。彼は、「加速派政治宣言」と『未来を発明する』での議論を検証しながら、次のように批判する。

しかしながら、同書〔引用者注：『未来を発明する』〕が提出していない事柄のひとつが、近代資本主義におけるテクノロジーの検証である〔……〕それゆえ、『未来を発明する』は、その革新部分にある種の〈オズの魔法使い〉問題を抱えている。すなわち、どんなに巧妙な仕掛けがカーテンの背後に隠されているのかは明らかでなく、その仕掛けは私たち皆が実に難しいと考えたとしても、その仕掛けは十分に共産主義的なものであるのだろうと想定させられるばかりである

（Galloway 2017＝二〇一九年、一八三頁）

つまり、スルニチェクとウィリアムズは、ポスト資本主義のために必要なテクノロジーとは何かということは論じ、またポスト資本主義の達成のために必要であろうとされる政治についても論じてはいるが、これらテクノロジーと政治の関係については一向に明らかにしてくれない、というわけだ。言い換えれば、彼らの議論は、ポスト資本主義のために必要な「完全自動化《フルオートメーション》」の「テクノロジー」を要求する「政治」を行いさえすれば、それこそ「自動的」に、「政治」によって制御可能なポスト資本主義的「テクノロジー」が出来するかのように読めてしまうと

いうのである。しかし、それではテクノロジーと政治の関係について、あまりにも素朴すぎるのではないだろうか。ギャロウェイは次のように主張する。「加速主義は戦術のことを戦略と取り違えている。なるほど、加速主義やそのほかの〔テクノロジー〕を肥大させる手法は暫定的かつローカルなものとして、つまりは戦術的なやり方としては有益である。しかしながら、私からすれば、資本主義が戦略のレベルでどのように作動しているのかについて、加速主義の考えは素朴なものである。資本主義が望むのは、加速すること以外のなにものでもない。加速を増大させることは、資本主義を妨げることではなく助けることである」（同書、一八五頁）のだから、と。

このような批判がなされるのは、故なきことではない。たしかに、スルニチェクとウィリアムズの議論においては、すでに確認したように、テクノロジーの加速の重要性を唱える一方で、テクノロジーそのものの検証はほとんどなされていないように思われる。彼らは、「テクノロジーは、それがそのために設計された目的に対して、常に過剰なものとして存在する」ものであり、「多くの我々のテクノロジー的で科学的な研究がはらむ真の変革的な潜在的可能性は、まだ手付かずのままである」（Srnicek & Williams 2015, p. 152）というスピノザ主義的なテクノロジー観を開陳はするものの、それが具体的にはどのように可能なのか、ということについての検討はされていない。「未来的思考は、コミュニケーション的機械によって拡張され、希望という集合的情動を産出する。この情動は、より良い未来を代表して行為するように、人々を動員するのだ――これは、あらゆる政治的プロジェクトにとって必要な情動である」(Ibid., pp. 140-141) という主張はなされるが、ここでのコミュニケーション的機械とは一体どういったものであり、それがなぜ希望的な未来へと向かう情動を産出することが可能なのか、ということに関する具体的な検討は一切なされていないのだ。その一方で、テクノロジー的発展の加速を求めるための政治的運動の方策については、非常に細かく議論されている。つまり、根本的な問題としては次のようなことが挙げられるであろう。今日におけるテクノロジーの生態系は、デジタル・コミュニケーション・テクノロジーの発展を中心にして組織化されているにも関わらず、このことをスルニチェクとウィリアムズが『未来を発明する』においては、問題化しているようでいて実は問題化していない、ということだ。そのため、テクノロジーの加速という議論が総花的なものとなり、それを求める政治的運動の可能性については熱心に語られるものの、本来検討されるべきものの中核となるコミュニケーションテクノロジーについての考察が、疎かになってしまっていると考えられるのではないだろうか。スルニチェクとウィリアムズの議論に対する論評や批判が、メディア研究者が中心となっていることからも、このような問題に対するフラストレーションがあることが伺えるであろう。

スルニチェクとウィリアムズが対抗的ヘゲモニー構築に不可欠な組織の生態システムのモデルとして、肯定的に参照するロドリゴ・ヌネスによる「組織なき組織化」(organisation of the organisationless) もまた、今日のコミュニケーションテクノロジーによって担保されうるネットワーク的な政治活動の可能性を論じたものだ。ヌネスは「重要なことは、単なる連合の構築（そこでは、人々の構成された諸グループとして理解される諸部分が、同じ状態にあり続けることが想定されており、その諸部分は断続的にのみ協働する）より以上のもので、万能な解決法（例えば政党という考え）未満のものを創造することである。これは構成されたグループとどのようなグループにも属さない「ロングテール」の、双方を引きつけることができる戦略的な介入であり、排他的なものとしてではなく、お互いを補強し合う効果を持つ、補完的なものとして設定されるものである」（Nunes 2014, p. 30）と主張し、これをスルニチェクとウィリアムズは引用している。しかし、ヌネスによれば、「まさに今現在における典型的な特徴の一つは、我々の重度にメディア化された環境が、情報と情動の範囲、速さ、しつこさ（つまり、情報と情動の効果を生産し続ける能力）を劇的に高めているそのやりかたである」からこそ、「情報と情動の共振が諸層を横断して増大し、急迫性が勢いを増し、そしてかつてないほど多くの人を包み込む情動的同期化が生じる」（Ibid., p. 22）のだという。つまり、コミュケーションテクノロジーの発達が、人々を情動的に動員することを可能にした結果、情動を触発するイシューやアジェンダに対する政治的活動に、より多くの人々がさまざまな差異を保持しつつ参加することが可能となったのであり、「単なる連合の構築より以上で、万能な解決法未満のものの創造」はその可能性の上に成立するものである、とヌネスは主張しているのである。

また、スルニチェクとウィリアムズが同じく肯定的に参照するティツィアナ・テラノヴァによる「赤い（＝コミュニズム的）スタック」という概念も、コミュニケーションテクノロジーの発展によって支えられているものだ。この「赤いスタック」のもととなっているのが、ベンジャミン・ブラットンによる「スタック」という概念である。そもそも「スタック」とは、コンピューターネットワークにおいて利用されているデータ交換を支えるプラットフォームを指す言葉であり、そこからヒントを得て、テクノロジーと自然そして人間を繋げる「新しい大地のノモス」を定義するために、ブラットンによって提起されたものである。[4] デジタル・コミュニケーション・テクノロジーの発展によって、「領域的な主権権力と連関しているより古典的な地政学的な区分が、インターネットの新しいノモスと、電子空間において拡大している主権の新しい形態と交錯し続けている」（Terranova 2014, p. 389）中、この交錯はスタックを通じて組織化されている。そこでは、国家の政府と、超国家的な組織体と、グローバル情報企業（GAFAなど）が重なり合いつつ、「相互的な調整の分化したパターン」（Ibid.）が生産される。つまり、今日の資本主義においては、このスタックを通じて管理されている交錯した諸関係を、私的に利用し商品化することで、利潤を得つつ資本を蓄積するということが正当化されてしまっている。それに対し「赤いスタック」とは、このような情報を一つのコモンとして公共的に管理することで、私有化や商品化ではなく、富の社会化を可能にするポスト資本主義的な「新しいノモス」を打ち立てようとするものなのだ。ここでも、「スタック」という、コミュニケーションテクノロジーの発展において生じた可能性の地平において、議論が進められているのである。

ニック・ダイヤー＝ワイスフォードらが指摘するように、デジタル・コミュニケーション・テクノロジーによって先導されている今日の資本主義は、そのテクノロジーの発展＝加速を目論むだけでは、商品を生産する機械同士のコミュニケーションとそれを司るＡＩの発展が促進され、結果として「資本蓄積にとって生物的な障害となっていた人間性からの、資本の解放」(Dyer-Witheford et al. 2019, p. 149) を出来させてしまうかもしれない。つまり、ほとんどの人間は無用の存在となり、ごく一部の特権階級のみが、高度に発達したコミュニケーションテクノロジーによって自動的に駆動する資本主義の恩恵を受ける、という世界が到来してしまうかもしれないというわけだ。こういった事態を避けるためには、コミュニケーションテクノロジーとそれを司る「ＡＩの集合的な所有の新しい形態の発展」(Ibid., p. 154) を集中的に考察する必要があるが、それはただそういった所有を求める政治的運動をするというだけでは、不十分であろう。問われねばならないのは、こういった「所有の新しい形態」を可能にするための（あるいはそのための政治運動をそもそも可能にするための）「テクノロジー的条件」とは一体何か、ということなのだ。スルニチェクとウィリアムズはこの点について、『未来を発明する』においては示唆に止まってしまっていると思われる。

しかしこういった不満は、『未来を発明する』の後に出版された『プラットフォーム資本主義』において、幾分かは解消されるかもしれない。なぜならそこでは「テクノロジー的条件」

のより踏み込んだ考察がなされていると、理解することも可能だと思われるからだ。『プラットフォーム資本主義』では、一九七〇年代以降の資本主義の再編に伴い、コミュニケーションテクノロジーとしてのインターネットを利用したプラットフォームが、新たなビジネスモデルを提供するに至った過程が分析されている。プラットフォームはそれが媒介する個々人や集団のデータを抽出することを可能にし、それをもとに収益を産むさまざまなビジネスやサービスを生じさせた。そして、そういったサービスやビジネスを支えているのが、プラットフォームによって可能になったコミュニケーションプロセスの自動化であり、この自動化によって極めて効率的となった広告、ロジスティックス管理、アウトソーシングである。このように、プラットフォームによるコミュニケーションの自動化は、現在ではビッグテックと資本主義にとって都合の良いようにしか利用されていない。しかし、それに対して、このような自動化を資本主義の軛から解き放ち、より広範囲に推し進めることで、加速主義的な目標へと向かうことができるのではないか。実際、スルニチェクは、「わたしたちは既存のプラットフォームによって集積されたデータを利用するポスト資本主義的プラットフォームを推進して資源を再分配し、民主的な政治参加を促し、より高度な技術的発展を生み出すことができるのではないか」(Srnicek 2017＝二〇二二年、一五二－一五三頁)と主張しているのだ。このように、加速主義的政治によるポスト資本主義の可能性は、コミュニケーションテクノロジーそのものに即していかに考察することができるのかということに、懸けられているというべきだろう。

（1）「プロメテウス的政治」の元となっているのが「プロメテウス主義」（Prometheanism）という概念である。プロメテウス主義とは、レイ・ブラシエ（Brassier 2014, p. 470）によれば、「われわれが何を達成できるのかということについて、あるいは、われわれが自分たち自身と自分たちの世界を変容させるやりかたについて、あらかじめ決められた限界があると想定することに、なんの根拠もないと主張する」立場であるという。ここから、プロメテウス的政治もまた、政治的可能性を模索する上で、それを支える諸テクノロジーの発展の可能性に何らの制限も想定しない立場であるといえよう。

（2）予示的政治について、その特徴をスルニチェクとウィリアムズは次のように述べている。「これは、今―ここにこうあってほしいと望む世界を創造することを目指している。予示的政治は、クロポトキンとバクーニンのアナーキズム以降長きにわたって続く左派の伝統であるが、それがつい最近になって、左翼政治の最前線を特徴付ける要素となってきたのである〔……〕これから起こるかもしれない革命を待つよりも、予示的政治は、新しい世界を直ちに例をもとに見せようと試みる――ここではまたしても、媒介されたやり方よりも直接性を、という暗黙の感覚に依存している。予示的政治は、最善の場合には、ユートピア的な衝動を実現化し、未来に今日における具体的な形を与えることを試みる。しかし最悪の場合には、予示への固執は、手段は目的と一致しなければならないという独善的な主張になりかねず、予示と対立する構造的な力は無視されることになる」（Srnicek & Williams 2015, p. 28）

（3）このような可能性の歴史的な範例として、イギリスにおける「ルーカス・プラン」と、チリのアジェンデ政権における「サイバーシン計画」をスルニチェクとウィリアムズは挙げている。

（4）ブラットンは、次のように述べている。「スタックはある種のプラットフォームであり、それはまた、ハードとソフト、そしてグローバルとローカル両面における、垂直的な相互運用的レイヤーを通じて、図らずも構造化されたものである」(Bratton, 2015, p. 52)。このように「スタック」という概念は、もろもろのプラットフォームを統合するプラットフォーム、あるいはハードウェアとソフトウェアをローカルとグローバルの双方から包括し制御する、「惑星規模のコンピュテーションのメガストラクチャー」(Ibid., p. 54) を理解するためのものとして提示されている。

第四章　情動を通じたリアリティの構築とメディアの宗教性

『ラブライブ！』から『ウマ娘』へ

1．はじめに

本章の目的は、メディアミックス作品である『ラブライブ！』シリーズと『ウマ娘』に焦点をあてることで、これらがいかに情動的でかつ宗教的なメディアとして機能しているのかということについて、ポスト世俗主義という時代状況を鑑みつつ、考察することである。ポスト世俗主義とは、近年広範な文脈において議論され始めたものであるが、このような時代状況の背後には、ここ数十年のうちに飛躍的に発展した、デジタルメディアテクノロジーの社会的な浸透があると考えられよう。ポスト世俗主義的な時代状況とは、社会的な価値観や規範を統制する超越的な諸原理の喪失として特徴づけられる。今日においては、そのような超越的な原理の代わりに、むしろ内在的な原理に支えられたメカニズムを通して生産された価値が、我々を強く統制し、我々の生を管理・制御している。そして、このような生―権力的に機能する内在的な原理こそ、デジタルメディアテクノロジーによって条件づけられているものなのだ。こういった今日の状況へ批判的に介入するためには、内在的なメカニズムに対する外在的な批判を持ち出しても有効なアプローチたり得ないだろう。むしろ、同じ内在的なメカニズムによって生産されつつも、そのメカニズムに対して対抗するようなオルタナティブを我々は見出す必要があるのだ。そして本章では、このようなオルタナティブを、『ラブライブ！』シリーズと『ウマ娘』を通して模索する。

『ラブライブ！』シリーズは、二〇一〇年に発表された『ラブライブ！ School idol project』を皮切りに始まった。このシリーズの記念すべき第一作目は、『電撃 G's magazine』誌上にメディアミックスプロジェクトの企画が掲載されたのち、コミカライズを経て、二〇一三年に第一期のアニメが放映された。アニメ版『ラブライブ！』の主なプロットは、東京にあるとされる架空の女子高校「音ノ木坂学院」に通う高校生九人が、学校でのクラブ活動としてμ's（ミューズ）という名前の「スクールアイドル」ユニットを結成し、自分たちの学校を廃校の危機から救うべく奮闘する、というものだ。第二期は二〇一四年に制作され、その後二〇一五年には劇場版である『ラブライブ！ The School Idol Movie』が公開された。第一作目はこの劇場版をもって一旦終了となったが、その後すぐさまシリーズの第二作目にあたる『ラブライブ！サンシャイン!!』のアニメ制作が発表され、二〇一六年に放映されることになった。第二作目の主なプロットもまた、第一作目を踏襲したものであり、沼津市に住む九人の女子高校生が、廃校の危機に瀕している自分たちの高校「浦の星女学院」を救うために、Aqours（アクア）という名前のスクールアイドルグループを結成する、というものであった。第一期放映ののち、第二期が二〇一七年に放映され、そして劇場版である『ラブライブ！サンシャイン!! The School Idol Movie Over the Rainbow』が二〇一九年に公開された。その後、本シリーズは『ラブライブ！虹ヶ咲学園スクールアイドル同好会』や『ラブライブ！スーパースター!!』などが企画・発表され、二〇二三年現在においても（『幻日のヨハネ』のようなスピンオフ作品も含めて）展開中のものとなっている。以上のように、『ラブライブ！』シリーズを大きな成功へと導いた注目すべき要素として挙げられるのが、声優によるライブ・コンサートである。特筆すべきは、初代『ラブライブ！』のアニメ化がなされる前年の二〇一二年に、すでにキャラクターを担当する声優によってファーストライブが行われていたことであろう。『ラブライブ！』声優たちによるライブ・コンサートでは、声優がアニメの中でのキャラクターになり切って、まさにμ'sやAqoursとしてパフォーマンスを行う。彼女たちは年末に恒例となっているＮＨＫの紅白歌合戦にすら、二〇一五年（μ's）と二〇一八年（Aqours）において出場している。のちに触れるように、この声優によるキャラ・ライブコンサートこそ、ファンやオタクといったオーディエンスの情動を触発し、新しい集合性や抵抗の可能性を考える契機を与えてくれるものなのだ。

同様のことは、『ウマ娘』にも言えるだろう。『ウマ娘　プリティダービー』のプロジェクトが二〇一六年にAnimeJapan 2016で発表されたのち、アニメは二〇一八年に第一期が放映され、ゲームアプリは紆余曲折を経て二〇二一年に配信が開始された。『ウマ娘』の基本的なプロットは、中央競馬で実際に活躍した競走馬と同じ名前をもつ、「ウマ娘」と呼ばれる人間の女性様の存在が、JRA主催の実際のレースと同じ名前を持つ競技会に出場し、記録を競い合うというものである。ウマ娘たちは「日本ウマ娘トレーニングセンター学園」(通称「トレセン学園」)に通いつつ、東京優駿(ダービー)などの競技会での優勝を目指して日々トレーニングに励むという設定となっており、『ラブライブ!』と同じ学園モノという要素が本作品には付加されている。『ウマ娘』もまた、アニメ化に先立って声優によるライブコンサートが二〇一七年から行われており、二〇二三年現在においても続いている。ここでも、『ラブライブ!』同様、アニメの中のキャラクターになりきって声優がパフォーマンスを行なっており、そこに参加するオーディエンスの情動を触発するものとして、新しい集合性や抵抗の可能性を考えるきっかけを与えてくれるものとなってきているのだ。

本章では、我々は宗教的なものを情動的なものといった観点から捉えていく。一般的に言えば、我々は宗教的なものや宗教性といった言葉を、個別的な個人が特定の信仰を内面的に抱く行為と等価なものとして考える傾向にある。そこでは、まず個別化された個人が存在し、そしてその個人が自身の私的な営みとして特定の信仰を選ぶ、という過程が想定されている。そして、そのような特定の信仰は、その個人にとっての特定の世界の理解の仕方、あるいはコスモロジーを与えてくれるものとして、想定されてもいる。そのため、我々は宗教の「宗教性」を種別化するべく、他の思想や世界認識と宗教はどう異なるのかということを縷々論じなければならなくなる――なぜなら、世界観を与えてくれるものはいわゆる宗教以外にも存在する――し、また公共的領域がいかに私的領域とは異なるのかということについて、それが特定の世界観やコスモロジーに還元することはできないという点に、求めざるを得ないことになるのだ。

しかし、以上のような宗教についての理解は、近代における世俗主義に特有のもの、あるいは極めてプロテスタント的なものである。宗教人類学者のタラル・アサドによれば、中世キリスト教においては「典礼を含めた規定事項は、キリスト教的自己の訓育の段取り全体の中に場所を占めている。この概念においては、外面における行動と内面における動機との間に、社会的儀礼と個人的感情との間に、表現的行動と技術的行動との間に、いかなる根本的な食い違いもあり得ない」(Asad 1993＝二〇〇四年、七一頁)という。アサドは、もともと宗教的なものが個人的な選択以前に集団的なものとして重要であったという事実に注目することで、宗教的なものがもつ前個体／個人的で、横断個体／個人的な側面を強調するのである。そして、このようなアサドの分析を参照しつつ、政治理論研究者のウィリアム・コノリーは次のように主張する。「原理的な信仰についての公的な表出並びに弁明を含む、表象的言説そのものがいかに間主観的な直感的／内臓的領域に情動的に影響し影響されているのか理解することが、重要なことであろう」(Connolly 1999, p. 26)。つまりコノリーによれば、宗教的なものというのは、個人的な意識に先立つ直感的／内臓的領域（visceral register）に関係するものであり、だからこそそれは集合的な影響を持ちうるのだ、ということなのだ。このような直感的／内臓的領域は、前個体／個人的かつ横断個体／個人的な領域として理解することが可能であり、そしてのちに確認することになるが、情動とは、このような前個体／個人的かつ横断個体／個人的な領域を触発することで、個人と前個体／個人的集合性の双方を創発させるものなのである。言い換えれば、宗教とは個人性と集合性あるいは横断個体／個人性の双方を創発させることを可能にする原理なのであり、そして情動はこのような創発にとって根本的なものである、というわけなのだ。この意味において、我々は宗教的なものを情動的なものであると主張するのであり、そして情動的＝宗教的なものを超越的なものではなく、内在的なものであると理解するのである。

我々はまた、「オタク」を情動によって創発可能となった単独的／特異的個人であると同時に、情動的に生産された特定の「リアリティ」を共有する集合性であるとして議論する。「オタク」が創発するテクノロジー的条件に鑑みれば、「オタク」の持つ潜勢力は、ポスト世俗主義的な「資本主義リアリズム」に包摂され尽くすことのできない、オルタナティブで情動的なリアリティを構築しうる力を内包していると考えられる。そこで本章では、このような潜勢力の可能性を、『ラブライブ！』のオタク（ラブライバー）と、『ウマ娘』のオタク（トレーナー）において模索する。とりわけ、これらがポスト世俗主義的なテクノロジー的統治性への抵抗のための、情動的＝宗教的集合性となりうるかもしれない可能性について検討する。このような模索のために、本章では次のように考察を進めていく。まず最初に、ポスト世俗主義とは一体どのような時代的状況なのか、その政治的、経済的、テクノロジー的条件について考察する。その上で、アニメのメディアテクノロジー的条件の分析を通じて、『ラブライブ！』シリーズが持ちうるかもしれない今日の時代状況への抵抗の可能性について検討する。そして、この抵抗にとって欠くことのできない、情動的に構築されたオルタナティブなリアリティの可能性について、『ラブライブ！』および『ラブライブ！サンシャイン!!』の声優／キャラ・コンサートを通じたオタクの情動的経験を分析しながら、考察していく。その上で、情動的経験に見られる単独性／特異性をより顕著にする経験を与えてくれるものとして、『ウマ娘』の声優／キャラ・コンサートについて検討を加えたい。

2．ポスト世俗主義と資本主義リアリズム

「ポスト世俗主義」という言葉は、通常、近代的な世俗主義が力を失い、公共的な領域においてその訴求力が弱まっていく状況をさすものとして理解されている。そこでは、そのような世俗主義の弱体化に伴い、これまで私的領域に押し込められていた非世俗的もしくは聖的／宗教的な原理が公的領域において再び台頭し、人々を動員する手段として機能するようになるといった事態が、想定されている。そのため研究者の中には、ポスト世俗主義とは、世俗主義の

補完物として宗教が機能することを期待することであるとする者もいる。例えば、ユルゲン・ハーバーマスやチャールズ・テイラーなどは、宗教と合理性の関係性については異なった理解を示しているにもかかわらず、宗教を近代的で、世俗主義的で、民主主義的で、多文化主義的な公共性を再強化することに貢献する要素たりうると主張している（Mendieta and Van Antwerpen, 2011＝二〇一四年）。ここでは、「近代的」「世俗的」国家の世俗主義的な理念が普遍的もしくは包括的な原理として機能する一方で、そのような原理によってそれぞれの存在が保証されるような、個別的もしくは特殊な原理として、宗教が見なされているのである。つまり、かつてなく宗教が台頭しているのだとしても、個別の宗教を奉ずる諸個人は、自分たちの宗教を平等に保障してくれるはずの、世俗的包括的国家を支持してくれるであろう、というわけだ。それに対し、当然予想されうる立場として、ポスト世俗主義とは、宗教が世俗主義的理念にとって代わるものとして、復権してきている状態を指すものだとする論者も存在する。宗教学者の磯前順一と山本達也（二〇一一年）が批判的に指摘するように、このような立場をとる論者は、宗教こそを「真の」普遍性を持つものと措定し評価することで、それが近代世俗国家による世俗主義的理念が生み出してきた、様々な問題や暴力を超克するものである、と主張する傾向にある。念のために言えば、このような立場は、近代日本の文脈を照らし合わせてみれば、戦後民主主義的な社会状況を「過度の近代化／西洋化」＝「日本的精神的／宗教的伝統の喪失」とする主張と、容易に結びついてしまうことは想像に難くないだろう。

以上のような論者にとってみれば、ポスト世俗主義とは普遍主義への訴求を梃子《てこ》にして――それが世俗的なものかそれとも非世俗的なものかは問わず――、ポストモダン的な相対主義を超える条件となりうるものとして、理解されることになるだろう。しかし、ポスト世俗主義的状況の現実は、そのような想定を遥かに超えるものであるように思われる。その現実とは、資本主義だけがあらゆる社会的領域を貫通して機能する原理として君臨し、それ以外の原理は全く力を失ってしまう、というものであるというべきであろう。そして、これこそはまさしく、文化批評家のマーク・フィッシャーが「資本主義リアリズム」と呼んだものである。フィッシャーによれば、資本主義リアリズムとは次のような確信によって支えられたものであるという。すなわち、「資本主義とは、さまざまな信仰が儀礼的・象徴的な次元において崩壊した後に残るものであり、そこにはもう、その廃墟と残骸の間を彷徨う消費者＝鑑賞者しかいない」(Fisher 2009＝二〇一八年、一六―一七頁) というものだ。言い換えれば、「信仰から美学へ、そして参与から鑑賞へのこの転換は、資本主義リアリズムの美徳のひとつとされている」のであり、「資本主義リアリズムは、「信じる」ということ自体の危険性から私たちを守る「盾」のように振る舞おうとする」(同上) のだ。ここでは、フィッシャーが資本主義リアリズムを「ポスト信念／信仰」の条件となっていると主張していることに注目すべきであろう。つまり、資本主義リアリズムにおいては、あらゆる信念／信仰は経済的な交換価値として商品化されており、それゆえそれらの超越性は完全に失われている、というわけなのだ。この意味において、資本主義リアリズムという条件の下においては、宗教はもはやその普遍性を訴えることはできないのである。

しかし、資本主義リアリズムを特徴付けるポスト信念／信仰という条件は、宗教にのみ関わるのではない。いうまでもなく、それは近代的な世俗主義的理念、すなわち、人間性あるいは人間中心主義への信仰にも当てはまるのである。世俗主義とは、それまで世界の中心を占めていた神に人間という存在が取って代わることによって初めて可能になったのであり、そうであるがゆえに、世俗的社会においては人間性への信仰としての「人文主義（ヒューマニズム）」のみが正しい信仰として受容されることになったのであった。哲学者のロージ・ブライドッティが主張するように、「人文主義は、連動する二つの考え方と特権的な関係をもっている。その二つとは平等の追求による人間の解放と、合理的な統治の世俗主義である」（Braidotti 2013＝二〇一九年、五一―五二頁）。あらゆる人間は、自律的かつ合理的であるという共通の特徴を分有しているがゆえに平等であるが、こういった特徴は神から受け継いだものでもあった。世俗主義にとって、人文主義は唯一の普遍的な原理であったわけだが、資本主義リアリズムが危機に陥れたものとは、実は「キリスト教信仰の世俗版」（同上、五二頁）としての世俗主義＝人文主義なのだ。だからこそ、「人文主義の衰退の副産物のひとつとして、ポスト世俗化の状況が興隆したのは驚くべきことではない」（同上）というブライドッティの主張は、非世俗主義＝宗教の台頭というよりは、資本主義の発展においてもともと特権的であった世俗主義がその特権性を失った結果、非世俗主義が相対的に台頭しているように見える、という事態を述べたものとして考えるべきであろう。当初、資本主義は自律的で合理的な諸個人が市場において媒介され交換活動を行う、といった原理によって正当化されていたが、いまやそういった人文主義的な原理そのものが商品化の対象となっている、というわけだ。

このように、ポスト世俗主義的状況は、あらゆる信念／信仰さえもが商品化され、そして市場における交換価値によってのみ評価されるという、資本主義リアリズムによって条件づけられているといえよう。このような条件は、「再帰的無能感」（Fisher 2009＝二〇一八年、六〇頁）とフィシャーが呼ぶ態度を取る方向へと人々を向かわせる。フィッシャーによれば、このような態度を取った人々は、「事態がよくないとわかっているが、それ以上に、この事態に対してなす術がないということを了解してしまっている」（同上）。なぜなら、そういった人々は、「資本主義の終わりより、世界の終わりを想像する方がたやすい」（同上、一〇頁）と感じてしまっているからなのだ。つまり、資本主義以外にリアリティがないというわけだ。資本主義リアリズムは、資本主義に挑戦しそれを転覆せんとする主体性を人々が構想することを困難にさせるが、それは資本主義が主体化のためのあらゆるイデオロギー的もしくは概念的な基盤を掘り崩してしまうからなのだ。言い換えれば、あらゆる信念／信仰は、それへとむかって諸個人が主体を形成するような原理としては、もはや機能しないという状況に我々は陥っているのである。

主体性を形成することの困難はまた、今日のデジタルメディアテクノロジー的条件によっても裏打ちされており、このメディアテクノロジー的条件そのものもまた、資本主義によって最大限に利用されてしまっている。メディア理論における古典的な図式は、メッセージの生産者あるいは発信者と、その消費者あるいは受信者との関係性が、そのまま主体と客体という差異に相関するというものであろう。この図式においては、生産者あるいは発信者は主体として、消費者あるいは受信者たるオーディエンスを客体として召喚するのであり、そしてこのような「呼びかけ」を通して、客体は発信者によるメッセージあるいはイデオロギーに従う主体へと生成するというわけだ。これこそが、雑誌、新聞、ラジオ、テレビなどといった旧来の産業化＝資本主義化されたメディアの分析に適用可能な、コミュニケーションを通じた権力行使のモデルである。もちろん、こういった権力的なコミュニケーションモデルは一方通行的なものとして想定されるべきではなく、したがって主体生成の過程においては常に交渉や係争が伴う。このような問題を明晰に剔抉《てっけつ》したのが、スチュアート・ホール（1973）による「エンコーディング・デコーディング」理論であろう。しかし、このようなモデルにおいては、言説における意味のヘゲモニーを決定しうる特権的な権力的立場にいるのが誰なのか、ということが明白であり、だからこそ交渉や係争はそういったヘゲモニーに対抗するものとして生じるのである。

それに対し、今日のメディアネットワーク上でどのように情報が循環しているのかを鑑みた場合、その情報やメッセージの意味や価値を決定するような特権的なポジションが、不在であることに気づくであろう。言い換えれば、今日のメディア的状況においては、主体という存在が消失しつつあるということだ。メディアネットワークに繋がれている個人は、誰であれ潜在的にはいわゆる「プロシューマー」となりうる。それはつまり、メディアネットワーク上を循環する情報の生産者（プロデューサー）であると同時に消費者（コンシューマー）として、情報を構成するデータの結節点となっているということだ。これは、そもそもインターネットが登場した当初から、それが双方向的なメディアである以上、予想されていたものであるといえよう。しかし、重要なことは、今日この生産と消費の双方において、意識的な主体的活動としてなされていないものの比重が多くなってきている、ということである。例えば、それぞれの個人が生産する情報は、個人の非意識的な行為によって多く生み出されている。個人はメディアネットワークを通じて検索を行ったり、ウェブページを訪問したり、何かを購入したり、あるいはサブスクリプションサービスを利用したりすることで、自身のさまざまな属性がデータとして分析されることになる。そして、そういった多様なデータは、メディアネットワークに媒介されたコミュニケーションを通じて、他の多様なデータとどのように組み合わされるのか、あるいは組み合わされないのかが、分析されることになる。かつてジル・ドゥルーズが主張したように、「いま目の前にあるのは、もはや群れと個人の対ではない。分割不可能だった個人(individus) は分割によってその性質を変化させる「可分性」(dividuels) となり、群れのほうもサンプルかデータ、あるいはマーケットか「データバンク」に化けてしまう」(Deleuze 1990＝二〇〇七年、一六一頁) ようになった。そして、そのようなデータの価値は、メディアネットワーク上のコミュニケーションを通じて「意味のある」情報が生産されると同時に、決定されるのである。ここで注目すべきなのは、このような生産と決定は、特定の主体によって支配されているのではなく、分配的で調節的なシステムによって管理されているということだ。このようなシステムこそ、「プラットフォーム」である。プラットフォームは、人々がどのような情報を検索し影響される傾向にあるのかを分析することを通じて、人々が好みそうな情報やデータ間の関係を統計学的に予測することを可能にするテクノロジーである。ニック・スルニチェク（スルネック）が指摘するように、「二一世紀は、デジタル技術の変化を基盤に、企業にとって、あるいは労働者、消費者、および他の資本家と企業の資本家の関係にとって、データがますます中心的なもの」となってきているが、その結果プラットフォームは「新しいビジネスモデルとして現れ、大量のデータを抽出し、管理している。こうした変化とともに、わたしたちは数々の巨大な独占企業が出現するのを」目の当たりにしているのだ（Srnicek 2017＝二〇二二年、一五頁）。このように、プラットフォームは現代の資本主義にとって不可欠のものとなりつつある。ここでは、プラットフォームのユーザーとして、人々は情報とデータを管理する主体であるというよりも、情動的に影響される客体となっている。プラットフォーム資本主義においては、アド・ホックに与えられ、要求に応じて更新される、断片化された情報によって情動的に影響される。それゆえ、諸個人は統合された、もしくは包括的な一貫した見通しや主観性を持つことができなくなってしまう。これこそが、デジタルテクノロジーによって生み出される「可分性＝分人」（dividual）の非主体的＝非主観的な特徴であるのだ。

プラットフォームはまた、不確実性を取り扱うテクノロジーであるともいえよう。個人的な嗜好性は様々に変動する情動によって影響を受けるが、プラットフォームは、その嗜好性の確率について統計的な方法で推定せんとするテクノロジーである。このような確率は、それにしたがって人々が行為するであろう一つの指標であり、内在的で経験的な統治テクノロジーとしてのプラットフォームの基盤となるものだ。ここで、「統治」ないし「統治性」という言葉は、フーコー的な意味において用いている。[1] つまり、それは統治の対象＝客体である存在の「自由」を高める権力である、ということを含意している。プラットフォーム資本主義の統治性においては、唯一確実なものは「お金」である。なぜなら、お金が諸商品と交換可能であるということだけは常に確実であるからだ。そして、プラットフォームが抽出するのは、人々の「自由」なコミュニケーションの結果見出された、より人気があるもの、あるいは人々の情動をより強く刺激するものについての確率的な情報であり、そういった情報こそが、より価値ある商品についての示唆として利用されることになる。つまり、人々の「自由」なコミュニケーションという不確実性の中から様々な商品の可能性を見出しつつ、その商品の価値を唯一の確実な価値基盤としてみなされている「お金」によって評価づける、といったことを可能にするのが、プラットフォームなのである。この結果、人々の情動はお金によって触発されることに収斂してしまう。経済学者のフレデリック・ロルドンがスピノザを参照しながら主張するように、

「欲望は人間の本質そのものであり、それは何かをしようという自ずから生まれる情動によって決定されるものと考えられる」(Lordon 2010＝二〇一二年、四三頁)のであり、「欲望にはあらゆる多様な利益がついてまわる」が、「資本主義はそうしたあらゆる欲望の中でお金を真っ先に押したて」(同上、三二―三三頁)てしまうのである。言い換えれば、「お金」はあたかも唯一の(擬似)宗教的な信仰＝信頼の対象として機能し、あらゆる不確実性を操作する唯一の確実性としてみなされる、というわけだ。

しかし、この「あたかも」は虚偽の信頼＝信仰であろう。なぜなら、この信頼＝信仰は、様々な情動を掠め取ることを可能にするシステムの上に成立するものであり、再帰的無能感の否定的な効果によるもの、つまり「ポスト信念／信仰」の上に成立するものだからである。もし、プラットフォーム資本主義の統治性と、それによって維持されているポスト世俗主義的な条件としての資本主義リアリズムとにたいして、抵抗を構想する可能性を模索するのであれば、お金よりもより強く我々に情動的な影響を与えるような、オルタナティブな確実性もしくは宗教的対象を見出す必要があるであろう。このような対象は、不確実性によって生み出される確実性、もしくは不確実な確実性というべきである。それは、プラットフォーム資本主義が利用し制御せんとする条件――そこでは、あらゆる外部や超越性が意味をもたない――の只中にあって、ポスト世俗主義的な資本主義リアリズムとは異なるリアリティを与えてくれるオルタナティブな対象を、内在的に生み出すという試みなのだ。不確実な確実性が産出され、そしてそれによって人々の情動が触発されるというプロセスは、「創発」と呼ぶことができるだろう。したがって我々は、そのような創発的なプロセスを引き起こす情動的＝宗教的対象を、探究する必要があるだろう。このような創発的なプロセスは、そもそも集合的なものであり、また、集合的なものでなければならない。集合的なものでなければならない理由は、もしも創発的なプロセスが個人的なレベルのものに過ぎないのであれば、プラットフォーム資本主義の統治性に対抗するに十分な力たり得ないからである。そして、実は情動とは、たとえお互いのことを知らなかったとしても、あるいはお互いに前もって交流していなかったとしても、集合的な活動として、諸個人を統治性に対する挑戦へと向かわせることが可能となる原理なのだ。ここで、本章では問いとして何が賭けられているのか、ということが理解できるだろう。つまりそれは、『ラブライブ！』シリーズや『ウマ娘』などが、不確実な確実性、あるいは情動的＝宗教的対象の可能性を考察する契機となるのではないか、ということだ。このような問いをめぐる考察をより深く進めるために、次節では創発と情動の関係について、より詳しく見ていこう。

3．アニメと情動のテクノロジー的条件

メディア研究者のトーマス・ラマールによれば、日本のアニメを考えることは、テクノロジーの可能性、あるいは潜在性を考えることになるという。ラマールの言葉を借りれば、「アニ

メ（もしくはアニメーション）はテクノロジーを思考する」（Lamarre 2009＝二〇一三年、二〇頁）のだ。「主要テーマの考察との関連でアニメの物語を要約して満足する傾向」（同上、二一頁）にある、今日のアニメ研究における支配的なアプローチを批判しながら、アニメの物質的あるいはテクノロジー的な条件もしくは限界に焦点を当てることの重要性を、ラマールは強調する。ラマールにとって、こういった限界は「アニメの「思考作用」を制約すると同時に可能にする」（同上）ものとして捉えられており、そしてこういった「思考作用」は私たちに対して「アニメーションを近代やポストモダンのテクノロジー的な条件に見られる症候的なものとして読解することを乗り越えるように促」してくれると同時に、「「症候」と推察されるものをそれ自体の物質的なプロセスとして、すなわち内と外の間やテクノロジーと価値の間にある、整然とした区分や階層を打ち破るプロセスとして扱うよう促」してくれるのであるという（同上、二二頁）。言い換えれば、アニメのテクノロジー的限界は今日の我々の社会のテクノロジー的条件を反映したものとして理解可能である一方で、アニメの「思考作用」はこういった条件を超えるようなテクノロジーの可能性を提供してくれるものでもありうる、ということなのだ。このような思考作用の可能性は、我々の考察にとって極めて重要である。なぜなら、我々の目標は、まさに今日のテクノロジー的条件／限界の中で作動している、プラットフォームという操作的で統治的なテクノロジーを克服することにあるからだ。もしも、アニメとプラットフォームが同じテクノロジー的条件を共有しているのだとすれば、アニメの「思考作用」はプラットフォフォームの制御性あるいは統治性に抵抗する可能性を与えてくれるだろうが、それはプラットフォームとアニメの双方を生じさせたテクノロジー的条件から解離することなく、可能となることであろう。これはとどのつまり、我々はいかなる超越的な原理——これらはポスト世俗主義の時代において根本的に力を喪失していることはすでに確認済みだが——に訴えることなく、内在的な原理の可能性に基づきつつ抵抗を模索することが可能となりうる、ということを意味するのだ。

アニメに固有のテクノロジーによって可能となる映像経験を、ラマールは「アニメティズム」という言葉で表現している。この「アニメティズム」は、テクノロジーの発展によってますます加速していく社会において、「(1)視る者に、自分が世界のはるか上に立ち、それゆえ世界を支配しているという感覚を与え、(2)瞬撃や瞬殺という弾道学の論理に従って、視る者と標的の間の距離を瓦解させるのに役立つ」(同上、三二頁)ような、「加速したデカルト主義」、すなわち「ハイパー・デカルト主義」的な「シネマティズム」と対照的なものとして、ここでは提示されている。ラマールによれば、「アニメティズム」の特徴は「イメージが複数の平面に分離する」(同上、三三頁)という。そのような特徴を持つがゆえに、アニメティズムとは、「加速した世界において事物を異なる仕方で知覚する方法を暗示するだけでなく、異なる仕方でテクノロジーについて思考することや、異なる仕方でテクノロジーに満ちた世界に住まうことを期待させる」(同上)ものであり、したがって「近代のテクノロジー的な条件の外に私たちを連れ出すのではなく、この条件のうちに住まう他のさまざまな方法を示唆」（同上）するものであるというのだ。シネマティズムが主観＝主体的（subjective）なパースペクティブを、他のすべての客観＝客体＝対象（object）間の関係性を決定する特権的なポジションに措定するのに対して、アニメティズムにおいてはそのような特権的なポジションは存在しない。アニメティズムにおいては、「セル」と呼ばれるセルロイドで作られたシートを重ね合わせながら、そのシートをお互いに動かすことで様々に動いていくイメージが構成される。そのような、動的なイメージを構成する層化された諸々のセルという「複数の平面」がアニメティズムには存在し、そしてそのように作り出された動きは、特権的なポジションによって決定された特定の関係性や構造には還元され得ないのだ。これこそが、ラマールが見出した、アニメのテクノロジーのもつ批判的で臨界的な潜在性である。ラマールによれば、アニメティズムとして表現されたアニメのテクノロジーは、根本的に異なった先鋭的な視点から、テクノロジーを思考することを可能にしてくれる。すなわち、「機械」（マシン）という視点からである。

「機械」もしくは「抽象機械」という概念は、フェリックス・ガタリによって提起されたものである。それは、単なるテクノロジカルな対象としての「機械」を意味しない。むしろ、ここでの「機械」とは、テクノロジーに先立つ存在論的な条件のことを意味している。そして、アニメティズムもまたこのような「機械」によって先立たれている。アニメは必ずしもお互いが一貫したものとして結合していない諸要素——撮影のためのカメラや、さまざまなセル、セルを重ねるためのアニメーション・スタンド、それにコンポジティングと呼ばれる編集技術など――の組み合わせ（アレンジメント）として生産されているが、そういった諸要素こそが、テクノロジーがそれによって一つの組み合わせとしての「機械」を生産するところの、諸「機械」なのだ。ラマールは次のように述べている。

> 要するに、実際のテクノロジーやテクノロジーによる機器に先立つものとして、抽象機械――多平面的な機械――があり、それは技術的／物質的であると同時に、抽象的／非物質的でもあるのだ。言うまでもなく、アニメーションは動画のテクノロジーを伴っているので、多平面的な機械を、より正確に言い換えて、アニメ的な機械、もしくはアニメ的多平面機械と呼んでもいいだろう。イメージをなす数々のシートや平面を積み重ねる（コンポジティングする）作業は、複数のイメージの物理的な連続との兼ね合いで行われる。だとすれば、そうした機械は、あらゆる結果を全体化したり全面的に決定したりする構造ではない。機械は、それを作り出し、それとともに作業する人間だけでなく、他の諸々の仮想の機械や実在の機械をも含んでいる。したがって、機械は、他の諸機械をそこへ折りたたんでいくとともに、さまざまに分岐する系列《セリー》の中で広がっていくものなのである。
>
> （同上、一五―一六頁）

こういった「機械」という概念は、「突然発生＝他者創出《ヘテロジェネシス》を含意する」（同上、二一頁）ものであり、そしてテクノロジーそれ自体もまた、ヘテロジェネティックなものであるという。この意味において、テクノロジカルな生産物は根本的にはテクノロジーによっては統制され得ない。なぜならそれは一貫した全体性を構築することは決してなく、むしろ「他」なるものの可能性を常に生み出し続けるからだ。その一方で、主体的＝主観的なものとして措定されたポジションは、テクノロジーがその結果として生み出すであろう生産物を、一つの全体性として確定的に決定しようとする。そして、プラットフォームにおいては、このような主体的＝主観的なポジションは廃棄されてしまっており、それゆえ、プラットフォームが生産するものとは、あらかじめ決定されていた結果のようなものではなく、推定もしくは予測されうるものなのである。言い換えれば、プラットフォームとは、機械の作動を主体＝主観によって決定するのではなく、むしろそのヘテロジェネティックさを捕捉しつつ巧みに操ろうとするテクノロジーなのだ。ここにおいて、我々はプラットフォーム資本主義の統治性に抵抗し、それを超克する可能性を見出すことができるだろう。すなわちそれは、機械のもつヘテロジェネティックな特徴を、プラットフォームが捕捉し制御することのできない臨界点にまで増進させる、というものである。このような可能性を模索するためには、テクノロジーがどのようにヘテロジェネティックなものを生産、あるいは創発させるのか、ということを検討する必要がある。

　ラマールの指摘によれば、アニメ的機械は「情報の分配的な領域」（同上、一七六頁）を作り出す。アニメの動的なイメージは、層になった様々なセルを多平面的なイメージへとコンポジティングすることで生産される。このとき、それぞれのセルの層は、さまざまな参照先をもたらすことで情報的な深みを生産し、それによって予想もつかなかったような事象を引き起こすという、潜在的な力をもっている。例えば、アニメにおける詳細に書き込まれた風景のイメージは、容易に「現実」のどこがモデルとなっているのかを視聴者に理解させ、それによって「聖地巡礼」のような、そのアニメの放映開始当初は予想もつかなかったような現象を引き起こすことになる。ラマールによれば、アニメの多平面的なイメージは、「コンピューター画面上の複数のウィンドウに近い効果を生み出す。そして、何重にもなったコンピューター上のウィンドウの奥行きは、分解投影図の奥行きに似ている。どのウィンドウも、他のウィンドウよりも階層的により奥にあるということはなく、それぞれが他のウィンドウへの横断的なリンクを暗示している」(同上)という。このように、アニメにおけるセルの層が指示／参照対象を持つということが、ラマールの説明においては、インターネットにおけるハイパーテクストとのアナロジーにおいて分析されており、これは注目に値するだろう。なぜならラマールは、このようなアニメとインターネットが共に作り出すとされる「情報の分配的な領域」を、創発の領域として論じているからである。つまり、プラットフォーム資本主義によって捕捉されない創発の可能性は、このような「情報の分配的な領域」に見出せるということになるのだ。ラマールによれば、「創発《イマージェンス》の理論は、分配的な仕方で相互に結合された諸要素からなる最小限と言ってもよいほどの単純なネットワークから、様々なパターンがシステムに内在する自己組織化能力に基づいて創造的に発生《イマージェンス》する事態に注目する」（同上、三二九頁）ものであり、このようなパターンの創発は、分配的な領域における「対称性の破れ」が生じることで可能になるものであるという。ラマールは、創発は次のような条件のもとにおいて生じると考えている。すなわち、アトラクターと呼ばれる「力学的なシステムがそれに向かって発展していく集合」（同上）と、コーペレーターと呼ばれる「アトラクターに向かう発展に関与する機能」（同上）とが新たに生み出される、非対称性が生じた場合である。アニメオタクにとって、アニメのイメージを構成する様々なセルの層は、特定の指示／参照対象をもっており、それによってアトラクターとして機能する一方で、オタクの活動自体は、特定の仕方で展開するもののあらかじめ見通すことは不可能なパターンをもつ、コーペレーターとして理解できるだろう。そして、こういったアトラクターとコーペレーターを繋ぐものこそは、情動であるのだ。ラマールは次のようにいう。「分配的な領域は、主体的な非対称性（主体／客体の非対称性）ではなく、情動的な非対称性を生み出すのだ。これは、フェリックス・ガタリが構造と対比して機械と呼ぶものと非常によく似ている」（同上、三二九―三三〇頁）。

ここまでで、我々は以下のことが理解できるであろう。すなわち、創発は分配的な領域を創造するアニメというテクノロジーによって可能になるということ。そして、このような創発は、プラットフォーム資本主義による統治性への挑戦となりうるかもしれないこと。その理由は、プラットフォーム資本主義はインターネットのコミュニケーション空間を基盤にしており、そしてこのようなコミュニケーション空間こそ、分配的な領域のモデルとして想定されていたものであるから、ということである。言い換えれば、アニメとプラットフォームは、機械のヘテロジェネシスを最大限利用するという、テクノロジー的な条件を共有しているのだ。だからこそ、アニメの分配的な領域において生じた創発は、プラットフォーム――コミュニケーション空間の非主体=非主観的なヘテロジェネシスを利用するテクノロジー――による巧みな制御に対する内在的な抵抗として、適用可能かもしれないのである。

オタクの活動の創発は、オタクそれ自身の創発と切り離すことはできない。なぜなら、個人としてのオタクがオタクとして認知されるのは、その個人が従っているオタク・コーペレーターのパターンが創発された時だからだ。これは、次のことを意味する。すなわち、そもそも個別的な存在として個人が存在し、そしてそういった個人がオタクとして活動し始めることを通じてオタクとして認知されるようになる、というのではないということだ。そうではなく、オタクとして認知されることになる個人それ自体の生成は、情動の触発によってオタクの活動が創発されたのとまさに同時に生じる、ということなのだ。つまり、情動とは創発のための原理であり、そして個人の創発は、個人に先立って存在する前個人的な領野としての「関係性の領域」を情動が触発することで、生じるのである。ジルベール・シモンドンの言葉を使えば、情動を通じた個人の創発は「個体化」と呼ばれ、そして前個人的な領野は「前個体的なもの」と呼ばれる。ジェレミー・ギルバートが主張するように、シモンドンによれば、「個体それ自体といったものは全く存在しない。事実、「個体化」のさまざまな出来事やプロセスだけが存在するのであり、しかもそれは決して完全に完成することはない」ものだという（Gilbert 2014, p. 108）。「個体化」に先立ち「前個体的」なものは、そこから個人が結晶化する複雑な諸関係の領域として、存在する。すなわち、個人の創発とは、無限の潜在的な関係性から生成した、特定の関係性によって規定された存在として、生じるものなのだ。ギルバートは、シモンドンによって提示された個人の結晶化について、次のように述べている。結晶化とは「過飽和の特定の水準に達した溶液の中においてのみ生じるものであり、それは溶液の中の構成要素間の極端な不均衡として理解できる」ものである、と（Ibid., p. 109）。つまり、複雑な諸関係性の領域としての前個体的なものは、過飽和溶液をそのモデルとすることが可能であり、そして情動とは、諸関係性の構成要素間の不均衡から、位相転換をもたらす刺激あるいは動揺として理解できるというのである。言い換えれば、結晶、あるいは個体／個人は、溶解されていない溶質あるいは関係性によって、構成された対象／個物であるというわけなのだ。

ラマールがいうところの分配的な領域こそは、このような前個体的な領野のことであるといえよう。分配的な領域において過飽和状態となった情報は、オタクの創発を可能にするのだ。ひとたびアニメの分配的領域が不均衡にあると認知されるや否や、アニメオタクの情動は生じる。そしてオタク的個体／個人は、情報の特定の関係性を、個体／個人の活動を生成させ規定する核として認識しつつ、アニメを自身の情動を喚起するものとして、自身の注意を向け続けるのである。しかしながら、このような個体／個人の創発を生じさせる情動は、それと同時にそれぞれの個人／個体を超える効果も発揮する。「群衆」(crowd) としてのオタクを創発させるのである。そもそも、個人／個体としてのオタクは、群衆としてのオタクに先立たれている。群衆としてのオタクは、特定のアニメについての同じ情動的経験を共有する集団として生成する。それは、アニメを視聴するものたちの集団性に潜在するものであり、「われわれのうちのそれぞれの個人は、自身の活動について、全く異なった人格的、倫理的、あるいは政治的な意味の一組みにその理由を還元してしまうという事実にもかかわらず、さまざまな想定、感覚、記憶、そして感情的な」(Ibid., p. 110) 一組みを共有しているのである。シモンドンに倣い、ギルバートはこのような情動的群衆のことを「横断個体性」と呼んでいる (Ibid.)。ここで、我々は『ラブライブ！』シリーズの問題に立ちかえるべきであろう。なぜなら、『ラブライブ！』シリーズこそ横断個体性の創造を考える上でより適切な作品群であると思われるからだ。我々がすでに検討したように、オタクの創発を生じさせるような情動を、アニメは強く喚起させるものである。そして、ここからの検討事項は、とりわけ『ラブライブ！』シリーズにおける分配の領域が、いかにより情動喚起的なものであるのかを明らかにする、ということになる。

この問題をより明らかにするために、我々は『ラブライブ！』シリーズにおける声優によるライブコンサートを考察する。『ラブライブ！』シリーズによってもたらされる情動的な契機を検討することで、それがいかに情動的な身体を媒介し、そして情動的で宗教的な群衆を構成するのかということについて、理解することができるであろう。

4. キャラクターの声と情動的な相互作用

アニメの分配的な領域はオーディエンスに対し、イメージを構成する諸々の層によってもたらされた深さとして、拡張された一連の情報を追求することを可能にする。これらの層は、セルのような視覚的な領域のみに限定されるものではなく、音声的な領域もまたそこに含まれる。ラマールが指摘するように、アニメが本質的に層状に織り成されるものであることで、「声の使い方に対する関係までもが新しくなったため、声の質や言葉での説明がアクションの代わりになり、とりわけ女性声優は、アニメの世界で独自のスターとなっている」(Lamarre 2009＝二〇一三年、二四八頁)。近年では、この声に対する新しい関係はより拡張され、女子生徒や男女のアイドルなどによる音楽活動やミュージカル活動を主題とした、アニメ関連プロジェクトの急増――例えば、『けいおん!』『BanG Dream!(バンドリ!)』『少女☆歌劇レヴュースタァライト』『THE iDOLM@STER(アイドルマスター)』『うたの☆プリンスさまっ♪』『少年ハリウッド』『ヒプノシスマイク―Division Rap Battle―』など――が見られるようになった。とりわけこれらのプロジェクトにおいて注目すべきことは、アニメにおいて声をあてている声優たちが、その役割そのままにライブコンサートという形でパフォーマンスを行なっているということである。そして、この点において『ラブライブ！』シリーズは、最も成功を見せているプロジェクトであるということができよう。いうまでもないことだが、そのストーリーの展開において、アイドルのキャラクターが重要な役割を演じているというアニメ作品には、長い歴史がある。おそらく最も初期のものは『超時空要塞マクロス』のリン・ミンメイや、『魔法の天使クリィミーマミ』の森沢優＝マミであろう。そしてまた、特定のアニメキャラクターを演じた声優が強い人気を集め、そのアニメに関連する歌をライブコンサートにおいて声優自身が披露するということは、しばしばなされてきた。しかしながら、近年の流れにおいて見られる明らかに重要な転回として挙げられるのは、声優がライブコンサートにおいても自身がアニメで演じているキャラクターを演じているということであろう。この意味において、ステージの上では、声優は二重のアイデンティティを保持しているといえよう。

アニメのキャラクターは、それを演じている現実の声優とは明らかに異なっており、とりわけその外見という意味においてそれは際立っている。『ラブライブ！』や『ラブライブ！サンシャイン!!』の世界においては、μ'sやAqoursのメンバーは全員女子高校生ということになっているが、そのキャラクターを演じている声優たちは、キャラクターの設定年齢よりも年上である。ライブコンサートのステージ上では、声優たちはキャラクターと同じコスチュームを着用し、髪の毛を染めるなどして、外見的にも自身の演じているキャラクターにできるだけ近づけようとしているものの、彼女たちの三次元の生身の身体は、アニメ的な二次元のキャラクターの姿とは全く異なっている。しかし、それにもかかわらず、コンサートに参加しているオーディエンスにとって、声優たちのパフォーマンスはキャラクターそのものの現前として経験されるのである。これこそまさに、情動の触発によって可能となっている経験であり、そして、我々はここで、声優＝キャラクターの声こそがこのような情動的経験を引き起こしているのである、と主張したい。コンサートのステージ上において、キャラクターの声で歌がパフォーマンスされている時、声優をキャラクターとして認識する個人がオーディエンスの中から創発するのである。これが、横断個体的な群衆としての「ラブライバー」――『ラブライブ！』オタクのことである――の創発、あるいは結晶化なのだ。ラブライバーたちは、それぞれの個人が分配的な領域を通じてオタクとして生成するのだが、何らかのコンセンサスのようなものが前もってなかろうとも、そこでは声に対する反応に共通した特徴が見られるのである。

ラブライバーたちにとって、声優のパフォーマンスに対する反応は、虚構の世界における一種の戯れなどでは決してない。オタクたちはライブコンサートにおいて、「あたかも」ラブライブの世界にいるかのように経験するのではない。ラブライバーたちは、声優をキャラクターである「かのように」認識した「ふり」をする、俳優などでは決してないのだ。それどころか、コンサートでのパフォーマンス中、オタクたちは声優たちをキャラクターそのものとして、真っ正直に受け入れ経験しているのである。オタクたちにとって、現実と虚構の差異は、情動的な経験を通じて相対化あるいは無化されている。しかしこのことはオタクたちが虚構によって現実に対する感覚が麻痺している、あるいは端的に言って催眠術をかけられている、といったようなことを意味しない。重要なことは、むしろ現実それ自体が情動によって生産されるものである、ということなのである。

ブライアン・マッスミによれば、情動は潜在的な領域に介入し触発するが、我々はこの潜在的な領域を主体と客体の差異が消失する条件として、常にすでに経験しているという。通常、我々は主観／主体と、客観／客体といった区別や対立を前提にしており、そしてこのような区別／対立は我々が我々自身を眼差し理解するやり方も規定している。マッスミはこのような眼差す仕方を「ミラーヴィジョン」と呼んでいる。ミラーヴィジョンにおいては、個人は自分自身を、あたかも他人がその個人を見ているかのように、眼差し理解する。ここには、見る主体と見られる客体の区別が存在している。このような視座が主体／主観と、客体／客観といった関係性を固定する限りにおいて、静的な状態に在ることが可能になる。それに対し、このような区別や差異が消失するような視座のことを、マッスミは「ムーヴメントヴィジョン」と呼ぶ。ムーヴメントヴィジョンは、動きの中にある視座である。個人が動きの中に在るとき、その人は自分自身を他人がその人を見るように見ることはできない。このことはすなわち、動きの只中に在る自分自身を、静的な主体／主観的ポジションから見ているような自己を措定することは、不可能であるということを意味する。言い換えれば、個人が動きの中に在るとき、その個人は動きそのものなのだ。ムーヴメントヴィジョンについて、マッスミは次のように主張する。ムーヴメントヴィジョンの「基本的な単位は動きの単独性であり、その動きは主体と客体双方の現動的な機能を閉塞させるようなパースペクティヴを含んでいる。客体の客体性は、自分自身を他者が見るように見る主体が、自身の座はもちろん客体の座も占有するようになることで、希釈される。自身と客体の座を同時に占有することで、主体は自身から離れていくのである」(Massumi 2002, p. 54)。事実、我々は常にすでに動いているのであり、したがって動きは静的なものに先行している。静的な状態は、動きにはらまれるさまざまな潜在性のうちの一つを固定したものに過ぎないのだ。この意味において、ムーヴメントヴィジョンもまたミラーヴィジョンに先行しているのであり、後者は前者を基盤に産出されるものなのである。そして、このような産出を触発するのが、情動なのだ。情動は、特定のミラーヴィジョンをムーヴメントヴィジョンから生じさせるのである。

このような、ムーヴメントヴィジョンとミラーヴィジョンの関係性をめぐる議論は、我々に対して、どのように情動がリアリティを産み出すのかを理解可能にさせてくれる。そもそもリアリティとフィクションの対立は、主観／主体と、客観／客体の対立を基盤としている。主観が客体的対象を正しく認識できた場合に限り、その認識は現実《リアル》であると見なされるであろう。言い換えれば、リアリティとフィクションの関係性は、主観／主体と、客観／客体の対立を前提にした上で、この両者がどのように関連するのか、といった問題に関わっているのだ。そして、ミラーヴィジョンにおいては、この問題はやや込み入った様相を呈する。なぜなら、ミラーヴィジョンにおいては、主観／主体と、客観／客体の関係性そのものが、主観／主体によって観察されるべき客体的対象となるからだ。つまり、ある個人が、自身の主観が客体を正しく認識していると認識する限りにおいて、その個人は自身が現実《リアル》を認識できていると考えるというわけだ。しかし、情動的経験はこのようなリアリティとフィクションの対立を無化してしまう。なぜなら、情動とはそもそもそれによって主観／主体と、客観／客体の対立が産出されるものだからだ。情動によってミラーヴィジョンが創発される以前には、主観／主体と、客観／客体の関係性も、それを客体的対象として観察する主観／主体も、存在しないのである。したがって、ミラーヴィジョンが情動的触発によって創発されるや否や、そこで生じた関係性はリアル以外の何ものでもないということになる。ラブライバーにとって、声優の声は自分たちの情動を触発し、特定のミラーヴィジョンを抱かせるものだ。声に反応することで、ラブライバーたちは声優とアニメのキャラクターを結びつけ、そして声優とキャラクターの同一性を認識する主観性／主体性を持つオタク的個体／個人へと生成するのである。オタクの創発以前に、その主観性／主体性を判断する個体／個人は存在しないのだ。これこそがラブライバーにとってのリアリティ、すなわち情動的リアリティであり、ここではいわゆるフィクションとリアリティの対立は無化されているのである。

マッスミによれば、ムーヴメントヴィジョンが見ているものは「イメージなき身体」であるという。イメージなき身体は、「プロセスとしての純粋な関係性」であり、そこから「主体、客体、そして経験的な空間におけるそれらの連続的な据え付けが引き出される」ものなのだ(Ibid., p. 58)。ここで、イメージなき身体は分配的な領域、あるいは前個体的なもの、として捉えられるだろう。これらは潜勢的な領野であり、そこからあらゆる特定の関係性が創発するのだ。このような創発が生じる瞬間に垣間見える「純粋な関係性」を、マッスミは純粋な「出来事」と呼んでいる。この純粋出来事について、マッスミは次のようにいう。「出来事の時間はそれ自体ムーヴメントヴィジョンにある身体にも、イメージなき身体にも属していない。それらは、出来事に負っているのだ。出来事は、それらに対して生じる。時間の形態として、出来事は潜在的なものに属しており、最大限に抽象的であるけれども現実的なものとして規定されるのであって、そのリアリティはその潜勢性なのだ――それは純粋な関係性、変化の合間、それ自体に内的なものとしての変換なのだ」(Ibid.)。抽象的であるけれども現実的なものとしての、潜勢的なものから産出されたあらゆるものは、我々に対して情動的なリアリティとして生成する。情動が純粋出来事の潜勢力を触発するのである。このような純粋出来事あるいは純粋関係性といった観念は、ウィリアム・ジェイムズや西田幾多郎によって提起された「純粋経験」と対比することができるかもしれない。西田は、純粋経験について「主客未分以前の立場に立つと云ふも、要するに内から外を見るに過ぎないと云ふことができる。併し私は我々の眞の自己といふべきものは働く自己といふものであり、眞の實在といふものは行動的自己の對象と考へねばならないと思ふ」（西田　一九六五年、五頁）と述べているが、ここで、西田が「働く自己」として述べているものは、イメージなき身体であり、それはむしろ本当の意味での純粋経験的なものとして理解できるであろう。

ここに至って、我々は、『ラブライブ！』と『ラブライブ！サンシャイン!!』のライブコンサートにおいて、同じ情動的リアリティを共有している群衆の創発が生じていることを、理解できるであろう。この創発は情動的経験によって可能となっているのであり、そしてこの情動は声によって触発されるものなのだ。実際、私自身もこのような創発が生じるのを、ライブコンサートとは違う場においてでも、経験したことがある。二〇一八年のシンガポールでC3アニメ・フェスティバル・アジアに参加した時、劇場版『ラブライブ！サンシャイン!! The School Idol Movie Over the Rainbow』のプロモーションイベントが開催されるという機会に遭遇し、そこではメインキャラクターを演じている二人の声優が登壇していた。黒澤ルビィ役の降幡愛と、渡辺曜役の斉藤朱夏である。イベントは二人へのインタビューがメインとなって進行していき、彼女たちが歌うという場面は全くなかった。しかし、イベントが終わり、二人がステージから退場し始めた時、アニメのエンディング曲である「勇気はどこに?君の胸に！」が流れ始め、それと同時にその場にいた多くのオーディエンスがその歌をどこからともなく歌い始めたのであった。いうまでもなく、歌を歌うという事前のコンセンサスや想定などは――ライブコンサートにおいてオーディエンスが一緒に歌うということは一般的ではあるけれども

――全く存在していなかった。にもかかわらず、情動を触発されたことで、同じリアリティを共有しているラブライバーたちが、オーディエンスから創発したのであった。厳密に言えば、このような状況下では、声優自身からの声が直接的に情動を触発し、創発を生じさせたというわけではない。しかし、二人の声優の存在がオーディエンスを刺激し、ライブコンサート的状況を思い起こさせ、そしてエンディング曲が情動を触発した結果、オーディエンスにライブコンサートにいるのと同じである、という感覚を生じさせたのである。

情動がラブライバーの創発を可能にする一方で、声優とキャラクターとの間の等価性もまた、情動によって強化される。声優は、ライブコンサートにおいてキャラクターへと生成しつつ、二重のアイデンティティを持つようになる。この生成もまた、情動的なものであり、それは声優の身体からのキャラクターの創発であるのだ。コンサートステージにおいて声優は、声優としてのアイデンティティとキャラクターとしてのアイデンティティを、行ったり来たりする。例えば、ステージ上での自己紹介の際、声優たちは自身の名前とアニメでの役名の両方を名乗る。そして、このようなパフォーマンスを通じて、オーディエンスは声優が帯びる二重のアイデンティティを感じとっている一方で、声優は意識においても二重性の中にある。ここに、声優は単にキャラクターを役として演じているのか、それとも自分自身がキャラそのものであると確信するかの、分岐点が存在する。そして、この分岐点を決定するのが、情動であるのだ。ステージ上で、声優の身体はイメージなき身体、もしくはムーヴメントヴィジョンの中にある身体となっている。その身体は、声優としての身体へ、あるいはキャラクターとしての身体へ、さらには他のものとしての身体へと変容する潜勢力を持っている。情動はそういった身体を触発し、キャラクター（として）の身体を創発させるのだ。声優はキャラクターとしての身体をキャラクターのミラーヴィジョンにおいて獲得することで、自分自身をキャラクターであると認識する。この瞬間において声優は、声優としてとキャラクターとしてとの、双方を包含するアイデンティティを保持することになる。すなわち、二重のアイデンティティである。再び西田の議論を参照すれば、このような状態は「矛盾的自己同一」と呼びうるものであろう。この矛盾的自己同一、あるいは二重のアイデンティティは、声優にとっての情動的リアリティであるといえよう。しかし、このような情動はどこからやって来るのだろうか。それは、ラブライバーからである。ラブライバーが創発することで、ステージ上の声優の情動が触発されるのだ。ラブライバーによって共有された情動的リアリティは特異的／単独的な場を構成し、声優のイメージなき身体は扇動される。このような扇動は、オーディエンスによって様々な形でなされる。いうまでもなくラブライバーたちはいくども歓声をあげるが、もちろんそれだけではない。ラブライバーたちは音楽に合わせて自身の体を動かし、「ラブライブブレード」と呼ばれるペンライトやサイリウムを振りながら、「警報」や「ppph」あるいは「裏打ち」などの行為を特定のリズムで行うのだ。これらの扇動もまた、コンサートが進み、ラブライバーたちの情動的リアリティの経験が増強されるに伴って、より増強されることになる。このように、ラブライバーたちの情動に共振する形で、声優たちの情動も引き起こされるのである。

二〇一六年に行われたμ'sのファイナルライブコンサート終了直後に行われたインタビューで、高坂穂乃果役の新田恵海が語った次のようなコメントは、声優の二重のアイデンティティをまさに描写しているものであるといえるだろう。

「やっぱりステージに立っている時は新田恵海でありながら穂乃果でもあるので、わたしの感覚というよりも、わたしと穂乃果が混ざっている感覚があるんですよね。自分のことなんだけど、すごく他人事みたいな。」

（月刊Cut 二〇一六年六月号、二一頁）

同じインタビューにおいて、絢瀬絵里を演じる南條愛乃は、自身がどのように二重のアイデンティティへと至ったのかを語っている。

「3rdライブのときは、絵里っていう子を意識してはいるけど、南條愛乃自身がライブステージに立つ意識のほうが強かった気がするんですよ。具体的には定かではないですけど、いつからかそれが逆転しているんですよね。」

（同書、二七頁）

さらに、同じインタビューで南ことりを演じた内田彩は、ステージにおいて、自分自身とキャラクターの分離を超えた特定の瞬間の感覚について語っている。彼女によれば、それは自分が最も実現したい瞬間であったという。

「でもやっぱり、わたしはあくまで演者だから、ことりちゃんにはなれないんですよ。なんですけど、あのドームのステージにいる間は、超えられた瞬間があるんじゃないかなって思っていて。〔……〕ほんとに一瞬でも、『あれ？ことりちゃんがいた？』みたいに思ってもらえたんじゃないかな、と思います。もう、モニターに写っている自分の後ろ姿を見て、『ことりちゃんがいる！』って思ったりしてましたもん。」

（同書、三二頁）

ステージにおいて、内田は南ことりとして、生成もしくは創発している。つまり、二重のアイデンティティの創発である。内田によれば、この生成＝創発は、コンサートに参加しているオーディエンスによって創り出された空間のおかげで、可能になっているという。「あれはほんとに、今まではわたしたちが世界を作って、『みんな、ついてきてね。これだけのことをやってるよ。みんな楽しんでくれてるかな？』って提示してきたけど、逆にみんなにあの空間を作ってもらえたような気がして」（同書）と内田は語っている。このような空間こそ、ラブライバーと声優の互酬的な情動的関係によって構成された、特異的／単独的な場であるといえよう。

このように、コンサートにおいてはラブライバーたちと声優との間に、情動的な相互作用が存在する。このような相互作用は、ステージ上における声優の、声以外の身体的パフォーマンスによっても増強される。この例として、二〇一八年のAqoursのサードライブツアーにおける、伊波杏樹のパフォーマンスについて考察してみよう。このライブコンサートツアーでは、「MIRACLE WAVE」の歌唱中に自身が演じる高海千歌に倣って、伊波はロンダートからバク転の合わせ技を披露しなければならなかった。「MIRACLE WAVE」のイントロが流れ始めた時、アニメの中のシーンが頭によぎったオーディエンスの中には、伊波が果たして本当に難度の高い合わせ技を披露することができるのかどうか、不安に感じた者もいたかもしれない。この瞬間、オーディエンスの身体はムーヴメントヴィジョンの状態にあり、そこには伊波と千歌を異なるものとして見るようになるかもしれない潜在性も存在していた。もし、伊波がパフォーマンスを失敗した場合、伊波と千歌を全く別のアイデンティティをもつ存在として認識するような、ミラーヴィジョンを生成する情動が触発されるだろう。しかし、このような不安は杞憂に終わった。伊波はパフォーマンスを成功させ、その瞬間、彼女の身体は千歌の身体と同一化したのであった。伊波のパフォーマンスによって情動が増強され、それによって、ラブライバーと、伊波と千歌の二重のアイデンティティを持つ存在とが、溢れんばかりの潜勢力とともに創発したのである。ここにおいて見られるのは、力強い創発が情動的相互作用を増強しているという事態である。最終的に、「MIRACLE WAVE」はこのツアー自体を象徴する歌となり、ツアーを収めたブルーレイディスクのジャケットは「MIRACLE WAVE」のコスチュームを着たキャラクターたちによって彩られることになったのであった。その理由は、この歌のパフォーマンスが、最も情動的であったからということはほぼ間違いないだろう。

以上論じてきたような、声優／キャラクターの声によって情動が触発され、情動的リアリティをもとにしたオーディエンスのオタクへの創発と、声優／キャラクターの二重のアイデンティティの創発とが、相互作用的に産み出されるという状況は、『ウマ娘』のライブコンサートにおいても見られる。『ウマ娘』の物語は、現実の中央競馬の競走馬のエピソードをモチーフに構成されている。そして、その物語世界において、各レースの終了後には「ウイニングライブ」という名称で、レースに出走したウマ娘たちがライブコンサートを披露するということになっている。このウイニングライブを模した形でなされているのが、『ウマ娘』のライブコンサートであり、そこでは『ウマ娘』のキャラクターを演じている声優たちが、そのキャラクターとしてパフォーマンスを行うのである。当然、そこでは二重のアイデンティティを帯びた声優／キャラクターの声によって情動が触発されることで、『ウマ娘』のオタク――「トレーナー」と呼ばれる――が創発することになる。

興味深いのは、『ウマ娘』の声優／キャラクターによるライブコンサートでは、楽曲を歌うメンバーが固定されていないということである。例えば、アニメ第一期のオープニング主題歌であり、ゲームアプリでも開始時に流れる曲である「Make debut!」は、もともと、スペシャルウィーク／和氣あず未、サイレンススズカ／高野麻里佳、ゴールドシップ／上田瞳、ダイワスカーレット／木村千咲、ウオッカ／大橋彩香、トウカイテイオー／Machico、メジロマックイーン／大西沙織といった、物語における実質的な主人公たち――チームスピカのメンバー――による歌唱曲であった。しかし、ライブコンサートにおいてはしばしば全く異なったメンバーたちがこの楽曲を披露しており、具体的に言えば、二〇二二年の東京公演の第二日目においては、スペ／和氣とスズカ／高野の二人以外は、マチカネタンホイザ／遠野ひかる、メイショウドトウ／和多田美咲、サクラチヨノオー／野口瑠璃子、スマートファルコン／大和田仁美、ナリタトップロード／中村カンナが歌唱メンバーであった。このように『ウマ娘』においては、アニメやゲームでは歌うメンバーが基本的に固定されているにもかかわらず、声優／キャラクターのライブコンサートでは非常に流動的なのである。こういったメンバーの流動性は『ラブライブ！』シリーズとは顕著に異なる特徴であり、そこでは情動と偶発性の関係性をめぐる思考を可能にしてくれるように思われる。というのも、どのライブに行ってどのような楽曲メンバーの編成に巡り合うのかというのは、本質的に偶然的なものだからだ。当然ながら、特定のオーディエンスが特定の日にライブに参加するのを狙って、特定の楽曲メンバーが編成されるということはない。その意味で、ライブコンサートの楽曲メンバーとの巡り合わせは、オーディエンスにとっては偶然的なもの以外のなにものでもない。そして、このような偶然性において、オーディエンスは自らの予想と異なるものに邂逅し、それによって新しい情動的リアリティが創発する。この場合の情動的リアリティとは、チームスピカとは違うメンバーがスピカ並みに活躍し、ウイニングライブを歌うという事態である。それは、G1四勝のスペシャルウィーク並みに、G1の勝ち鞍が一つもないマチカネタンホイザが活躍するといったことを意味している。

このような事態において触発された情動は、檜垣立哉に倣って言えば、「驚き」であろう。檜垣によれば、競馬における賭けにおいて、その「現在」性を構成するのは「驚き」の情動であるという。それは予想し得なかった（あるいはそんな予想がまさか当たるとは考えられなかった）他者との邂逅によって、全く新しい（過去との連続性が中断された）現在が生み出されるという事態の経験である。我々は普段、ありそうなことを計算することで、可能な未来をコントロールしながら生きている（と思っている）。しかし、我々の現在性を根源的に構成しているのは、そういった計算によっては見出されないもの、言い換えれば計算外のものとの遭遇によってなのである。これは、我々にとって他者との巡り合いとは、自分によって想像できる因果性の範囲を遥かに超えているもの——その因果性は無限にある——だということを考えれば、理解できるであろう。ごく身近な友人にしても、その友人とはそもそも友人になろうとして出会ったわけではないのだ。そして、このような他者との偶然的邂逅によって、出会わなかったのであれば続いていたであろう時間性とは切断され、新しい時間性が産み出される。つまり、全く新しい現在性が創発するのである。しかもこれは、そもそも世界を生じさせた偶然性と、原理的には同じものを共有している。この世界もまた、世界がなかった（無）時間性から、世界が有る時間性へと、切断的かつ偶然的に生じたのである。つまり、このような根源的な一回きりの偶然性の反復こそが、本来、我々が他者との巡り合いにおいて経験しているものなのだ。競馬において当たるはずもない予想に「賭け」ることは、このような現在性を我々に対して開示してくれるのだ。檜垣は次のようにいう。

> 賭けの現在は「驚き」である。驚くこととは、二元的なものの邂逅であり、それは自己と他者との、無限の一回的な接触が関与していることとしての驚きである。それは自己の一回性ではない。「一振り」として生じてしまったこの世界の一回性なのである。それにもかかわらず、あらゆる「この今」は、一回的に始まったものの「その都度」として、自らが特異点であることを担い、自己であることを形成する。
>
> （檜垣　二〇〇八年、一一六―一一七頁）

『ウマ娘』のライブにおけるメンバーの流動性もまた、このような現在性を我々に開示してくれるものであろう。それはライブパフォーマンスすることを「出走」と呼ぶことと無縁ではないのかもしれない。ライブにおける予想していなかった声優／キャラクターとの偶然的な邂逅によって、我々は「驚く」。そして、このような驚きの情動は、声によって触発された情動にさらなる興奮を与え、より強い情動的リアリティが産み出されることになるのである。ここでは、驚きの情動が加わることで、トレーナーと声優／キャラクターとの互酬的な情動的関係によって構成された特異的／単独的な場に、偶然的な一回性の反復という意味において、より顕著に特異的／単独的であるという性格が与えられていると考えることができるであろう。

5．おわりに

本章を通じて、我々は『ラブライブ！』シリーズと『ウマ娘』における声優／キャラクターのライブコンサートを、情動的＝宗教的対象として理解する可能性を検討してきた。その理由は、そのような対象に再帰的無能感を超えるような、強い情動を伴う創発を生じさせる可能性を我々は模索しているからであった。アニメのテクノロジカルな条件はアニメに情動と創発を触発する力を持たせることを可能にしたが、その理由は、アニメにおいて見出せる分配的な領域が機械のヘテロジェネシスを促進するものであったからなのであった。『ラブライブ！』シリーズと『ウマ娘』はこのような創発を高めてきた。これら作品における声優によるライブコンサートは、横断個体的な情動的群衆の創発を可能にするものであった。そしてそれと同時に、このようなラブライバーやトレーナーの「群衆」としての創発は、声優／キャラクターの二重のアイデンティティの創発を触発するものであった。ラブライバーやトレーナーと声優は情動的リアリティを共有し、そして両者の情動は相互的なあるいは互酬的な作用のもと、増強しあっているのであった。さらに、トレーナーにおいては「驚き」が加わることで、情動的リアリティの特異性／単独性がより顕著なものとなっているのであった。

情動的リアリティは、ライブコンサートの外でも、例えば「聖地巡礼」などを通して生み出される。例えば、『ラブライブ！サンシャイン!!』においては、沼津市が舞台となっており、多くのラブライバーたちが聖地巡礼を行なっている。沼津市の風景もまた巡礼者の情動を触発し、キャラクターたちが実際に、現実に住まう場所として、沼津市を認識するようなラブライバーを創発させる。これこそがラブライバーたちにとっての情動的リアリティなのであり、ラブライバーにとって沼津とは情動的都市なのだ。このような情動的都市は、いわゆるポストモダン的な消費都市とは異なるだろう。すでに吉見俊哉（一九九六年）や北田暁大（二〇一一年）など、さまざまな論者によって論じられてきたように、一九八〇年以降のポストモダン的消費都市は、日本の都市の風景を劇的に変えてきた。それ以前は、日本の都市はさまざまな歴史的なレイヤーを内包する、異種混淆的な場所として理解されていた。しかし、その後は多くの都市が非歴史的で均質なものへと変えられていった。それは、渋谷のように大企業の再開発プロジェクトによるものであった。このような都市は、記号で満たされた場所へと変化していったが、そのような記号は、その都市のそもそもの歴史性とは全く関係のない物語によって、規定されたものであった。その典型が東京ディズニーランドである。東京ディズニーランドのような空間の構築は、既存のものを破壊することで、全く新しいリアリティを構築するというプロジェクトのもと、進められたのである。これらとは対照的に、情動的都市としての沼津は、その都市の歴史性を内包し続けている。異種混淆的な都市としての沼津というリアリティは、『ラブライブ!サンシャイン!!』のリアリティと共存可能なもののはずなのだ。その理由は、後者のリアリティはあくまでも前者のリアリティの延長上に存在するからである。沼津もまた二重のアイデンティティを持つのであり、ラブライバーたちは聖地巡礼を通して沼津の歴史性に触れるのだ。ここには、ラブライバーたちと沼津の人たちとの間に、創発的な関係性を見出すことが可能であろう(2)。

『ウマ娘』においても、ライブコンサート外における情動的リアリティの産出は顕著であろう。そもそも、実際の競走馬をモチーフにしている以上、競馬に関わりがあればなんであれ、潜在的には情動的リアリティを創発させる契機となりうる。『ウマ娘』のゲームアプリ以外の、例えば『Winning Post』や『ダービースタリオン』などといった競馬シミュレーションゲームを通してでさえ、そこに同じ名前の競走馬を見出すことで情動が触発されるだろう。さらには、ウマ娘のモデルになった、すでに引退し牧場に繋養されている元競走馬に会いに行くことや、ウマ娘が参加しているレースと同じ名前のレースを観覧すべく、競馬場へ足を運ぶことで情動的リアリティが産出されるだろう。これらは、メディア横断的な情動的リアリティの経験といえよう。そして、このようなメディア横断的な情動的経験を通じて潜在的には他者と邂逅する――檜垣が指摘するように、これはとりわけ競馬場において「賭け」るということに本質的なことである――ことになるはずだが、それへの気づきを与えてくれる「驚き」が生じるかどうかが、その分水嶺となることだろう。

本章の考察を通じて言えることは、『ラブライブ！』シリーズと『ウマ娘』がただちに資本主義を超える情動を触発してくれる、ということではないだろう。むしろこれらは、そのオタクたちを、資本の運動に従属させる可能性の方がより多いかもしれない。しかし、その一方でこれらのプロジェクト、とりわけ声優／キャラクターのライブコンサートによって触発されるような情動が、資本主義によって包摂され尽くせない過剰性を内包[3]していることも、本章を通して明らかになったであろう。そのような過剰性を解放することでしか、資本主義への抵抗――資本主義リアリズムを内破するリアリティ、あるいはポスト信念／信仰を内破する信念／信仰の可能性を模索すること――は成し得ないのではないだろうか。そしてそのためにこそ、いかにしてどのような情動が触発されているのか、本章で考察したように、我々は検討していく必要があるのだ。

（1）フーコーの統治性論と自由の関係については、本書第一章を参照。

（2）このような関係性については、「地元の人たちが語る沼津と『ラブライブ！サンシャイン‼』Aqoursにもらった出会いと輝き！」（二〇一八年）を参照。

（3）これは、ラマール（Lamarre 2006）が主張するように、オタクは「構成的権力」であるとも言い換えられるだろう。資本主義を維持する制定権力（constitutive power）は、情動によって触発されたオタクの構成的権力（constituent power）を利用し、搾取しようとするのである。

第五章　海のネットワークと反復あるいは抵抗する情動の政治

『艦これ』、『アルペジオ』、『はいふり』

1. はじめに

近代日本における政治的な言説において、国民国家日本の海洋的な性格を強調するということがしばしば見られる。有名なものとしては、保守的な政治学者として知られていた高坂正堯による『海洋国家日本の構想』が挙げられるであろう。高坂によれば、「文明と文明との間の交渉こそ歴史を規定する最大の要因」であり、「その交渉を支えるコミュニケーションの構造こそ、ある文明やある国家の国際政治的位置を規定する」（高坂　二〇〇八年、一八六頁）ものだが、このような「コミュニケーションの構造」を支える最も有力なものとして挙げられるものの一つが「海」であるという。そして、日本は歴史的に海に囲まれているからこそ、この海を「コミュニケーションの道」として十分に利用すれば、西洋でも東洋でもない存在として、独自のリーダーシップがとれるという。しかし、これと類似した主張は、すでに太平洋戦争中において日本のナショナリズムを正当化するために、唱えられていたのであった。そこで本章では、このような日本の「海洋」性というイメージの持つ政治性について、批判的に検討していきたい。最終的に目標とするのは、太平洋戦争時の日本の戦艦を題材にした、近年のアニメ作品群――特に、『艦隊これくしょん』、『蒼き鋼のアルペジオ』、そして『ハイスクール・フリート』を検討の対象にする――との関連性において、この問題を考察することである。それによって問われることは、これらの作品群が触発する情動と、海をめぐるイメージがどのように関連しており、そしてそういった関連性がどのような政治性をもつのか、ということである。

実際、我々の分析によれば、こういったアニメに見られる情動と海のイメージの問題は、一九三〇年代から四〇年代における日本の「海洋」性をめぐる議論――特に地政学的な主張――にはらまれている情動の問題と、パラレルかつアンビヴァレントな関係性にあると理解できる。それは、近代日本におけるナショナル・アイデンティティが、どのような原理のもとで模索されてきたのかという問題でもあるのだ。このような視座から見れば、三〇年代から四〇年代の問題は今日再び反復されようとしていると思われるのであり、例えばネット右翼の問題などはその典型であると考えられよう。このような状況にあって、アニメはどのような問題と可能性を潜在させているのだろうか。これこそが本章での中心的な問いであり、次節以降においてこの問いへと向かいつつ議論が展開されていくことになるだろう。

2．欲動／情動の対象としてのナショナル・アイデンティティ

ほとんどの非欧米諸国における事例と同じく、近代国民国家としての日本の確立は、西欧を模範として追随すべき唯一のロールモデルとすることによって開始された。西欧は、期待されるべき発展もしくは進歩が、最終的に到達するであろう普遍的な目標として理念化／理想化されていた。そして、国民国家の建設は、そういった発展／進歩を進めるプロセスとしての近代化もしくは文明化にとって、極めて重要な要素であると見なされていたのであった。日本においても、近代化のプロジェクトとは西欧のさまざまな制度や知識——憲法、議会、内閣制度、近代兵制、フンボルト式の大学、科学的知識体系、そしていうまでもなく資本主義など——を導入することを意味していたのであり、こういったものの導入が「文明開化」や「富国強兵」のプロセスとして正当化されていったのである。このように、西欧は特権的な参照項として超越的な座を占めており、その参照項に照らし合わせて国民国家「日本」は構築——それは帝国的国民国家へと向かうプロセスでもあった——されていったのである。そのため、このような国民国家の構築は、自然的な進歩の階梯として、「日本」に住まう人々が取るべき唯一の軌跡であると広く受け入れられていったのであった。

酒井直樹は、このような「進歩」主義的な軌跡を必然的なものとして受け入れている人々の

精神性は、「対―形象化の図式」によって規定されていると主張する。ここで重要なことは、「日本」とは「西欧」――あるいは「西洋」――との比較において見出されたということだ。酒井が言うように、「あらかじめ他者への関係が限定されていないならば、自己への関係も限定できない」のであり、その意味で「対他的関係は、常に、対自的関係に先行する」（酒井 一九九七年、五二頁）。そして、近代以降の「日本」の対自的関係を限定しているのは、いうまでもなく「西洋」との対他的関係である。このような規定性が機能するためには、これまで形をなしていなかった対象を形象化し、関係性のもとで規定可能なものへと変換すべく媒介するための、一つの図式が必要となる。それが、「対―形象化の図式」である。この図式に基づいて「西洋」と「日本」という形象が生み出されるが、これらは本質的に想像的なものであると酒井は言う。なぜなら、「形象はひとつには虚構であり、と同時に、未来に向かって人の行動をうながすものであるから」（同書、五三頁）だ。酒井は次のように主張している。

形象は一方で感覚的な像であると同時に人の行動をうながす点で実践的である。したがって、形象は、同一性の欲望を生産する想像力を統御する。形象は想像力の論理の核心的な事象である。（同上）

「日本」という国民＝民族的、あるいは人種的なアイデンティティ——ナショナル・アイデンティティと呼ばれるもの——は、国民国家「日本」の核となるものだが、そういったアイデンティティ自体が、「西洋」が保持していると「想像」されたアイデンティティとの比較において、「想像」的に見出されたものに過ぎない。そして、このような「日本」の想像的なアイデンティティへの欲望——つまり「西洋」のようなアイデンティティを確立し、それを認めてもらいたいという欲望——それ自体が、西欧とのコミュニケーションと比較を通じて、産出されたものなのである。言い換えれば、国民国家「日本」の構築とは、想像されたアイデンティティへの欲望を満たしていくプロセスのことを意味するのであり、しかし、そういった欲望自体は、「日本人」と呼ばれることになる人々がそもそも抱いていたものではなかったのだ。この意味で、自分達を民族的に、したがって自然的な存在として、「日本人」であると見なしている人々の精神性は、「西洋」による近代的な視座によって規定され、それに従属しているということになる。酒井は、日本をめぐる近代的な言説において「一般に「国民」が国家に媒介されたゲゼルシャフト的な合理性に基づく理性的な共同体であり、「民族」がゲマインシャフト的な自然的な共同体と考えられるために、そうした自然共同体そのものが言説において制作されたものだという視点が払拭されてしまっていた」（同書、六三—六四頁）と指摘するが、このような「言説の制作」の核にあり、その「制作」という行動を促すものこそが、想像的なアイデンティティへの欲望なのだ。

酒井によれば、「対―形象化」の図式において形象化された対象は、カント的な意味での「統制的な理念」として機能するという。それは、「体系的統一に関する図式を我々に与える理念」であり、「「対象そのもの」としてではなく「理念の対象」としてのみ与えられる」（同書、五八頁）ものである。つまり、「西洋」も「日本」も統制的理念として生み出されるということになるが、この場合、統制的理念としての「日本」は、統制的理念としての「西洋」を参照項にして構築されることになる。したがって、「日本人」が向かうべき目標として与えられる統制的理念としての「日本」は、統制的理念としての「西洋」によってそもそも規定されているというわけだ。これはつまり、「日本」にとっての理想的＝理念的な自己としての「日本」は、「日本人」が自ら求めたものであるというよりも、そもそも統制的理念としての「西洋」から与えられ、突きつけられたものである、ということができるであろう。そして、このような統制的理念としての「西洋」は、精神分析でいうところの「大文字の他者」として機能していると理解できよう。言い換えれば、「日本」あるいは「日本人」という主体は、「西洋」という大文字の他者によって呼びかけられる（あるいは尋問される）ことによって、形成されるのである。そのため、「日本」人による想像的なアイデンティティへの欲望は、統制的理念としての「西洋」からの命令――いわゆる象徴秩序――を受け入れることによって、産み出されるということになる。こういった「西洋」からの命令、あるいは象徴秩序の受け入れこそが、さまざまな近代的制度と知識の導入であることは、言うまでもないだろう。このように、統制的理念としての「西洋」からの命令を受け入れつつ、欲望を駆動させることで、人々は国民的主体としての「日本人」――その核には民族的なものとして「対―形象化の図式」を通して想像されたナショナル・アイデンティティがある――へと生成するという機制が構築されていったのである。

しかし「日本」にとって、統制的理念としての「西洋」が、その位置を保持し続けることはなかった。近代化の発端においては圧倒的であるとみなされていた西欧の力は、日清戦争や日露戦争を通して「日本」が帝国主義的国民国家――ここではその政治体制を、歴史学者のアンドルー・ゴードンに倣って、「帝国的デモクラシー」と呼ぼう――の建設に成功するのに相関して、徐々にその勢いに翳りが見え始めたからだ。ゴードンによれば、「帝国的デモクラシー」とは以下のようなプロセスを経て構築されたものであるという。

帝国的デモクラシーは、日本における劇的な十九世紀革命の予測していなかった産物である。「帝国」という形容詞は、この革命に見られる二つの中心的な特徴と関連するものを示唆している。まず、一八九〇年から一九四五年にかけての立憲秩序を創出した寡頭体制の支配者たちが、政治的主権を人格としての天皇に配置したことである。そして、彼らは一八九五年と一九〇五年の戦争における勝利を通して、日本をアジアにおける帝国へと仕立て上げたのであった。簡単に言えば、天皇中心の立憲秩序を確立し、資本主義的で産業主義的な経済を促進し、そして日本をアジアにおける帝国的権力へと導くことで、明治の帝国的官僚達は帝国的デモクラシーへの動きを意図しない形で引き起こしてしまったのだ。

(Gordon 1991, p. 14)

一八九〇年代から一九〇〇年代を通して、日本の近代化は富と軍事力を劇的に増強することに成功した一方で、一九一〇年代の明治オリガーキー（明治以来の寡頭体制およびその支配者達）は、権威主義的な政策に対して不満を抱く、人々からの民主的な要求と妥協することが避けられなくなった。その結果、明治オリガーキーは内向きには（擬似的）民主主義——いわゆる大正デモクラシーである——、外向きには帝国主義、という方針を採るようになっていった。オリガーキーによる天皇の名の下での権力行使に批判的な人々の声が社会的にも日増しに大きくなるにつれ、そのような批判の声を逸らすべく、オリガーキーは、不本意ではありながら、立憲主義と議会主義の民主的《デモクラティック》＝民本的な運用を尊重するという態度を見せざるを得なかったのだ。このような一九一〇年代の状況は、その外的な条件とともに、日本の政治的条件の民主化と近代化＝西洋化を促進し、西欧と同じだけのレベルに我々は達しつつあるという意識を「日本人」にもたせるのに、ある程度貢献したのであった。第一次世界大戦の直後には、戦勝国の一員として、日本はドイツから賠償金を得ることに成功し、そして国際連盟の常任理事国にもなった。ここに至って「日本」の自己意識は、我々はついに「文明国」の域へと達し、西欧列強に伍するだけの力を手にしたのだ、というものとなったのである。とはいえ、国際連盟への参加に象徴されるように、ポスト第一次世界大戦期の日本における社会的な雰囲気は、日本は列強国家の一員としてむしろ国際協調に貢献すべし、という意識によって満たされていたのであった。しかし、一九二〇年代から一九三〇年代を通して、このような状況は変化していった。「日本」が採るべきなのは、国際協調よりも、西洋近代文明を自らの原理によって超克することである、といった意識へと社会的な雰囲気が変化していったのである。「西洋」はもはや統制的理念、あるいは大文字の他者ではない、というわけだ。このような「西洋」の転落は、第一次世界大戦に起因する西欧の疲弊と、それに取って代わる大国としてのアメリカの台頭を反映している。そして、アメリカは西欧とは異なりつつも、西欧文明の後継者として見なされていたため、一九三〇年代から一九四〇年代にかけてのアジア太平洋地域の戦争では、アメリカの打倒こそが日本によって達成されるべき「近代の超克」のプロジェクトとされたのであった。「近代の超克」は、もともと一九四二年に文芸誌『文學界』の企画のもとで行われた座談会のタイトルであったが、その後この言葉はアジア・太平洋戦争における日本の「大義」を正当化するためのイデオロギー的概念として、知的エリートの間に徐々に浸透していった。思想史学者のハリー・ハルトゥーニアンが指摘するように、この「近代の超克」の「座談会という出来事が明らかにしたのは、近代の評価が、しばしば西洋、特にアメリカに対する攻撃にすり変わってしまうことである。それは一九二〇年代の後半からその座談会にかけて、「アメリカニズム」という侮蔑的な表現で知られ」(Harootunian 2000＝二〇〇七年、一〇四頁)ていたものであり、この「アメリカニズム」の打倒こそが、座談会以降、日本による戦争遂行を正当化するイデオロギー的目標とされていったのである。このような、西洋ないしアメリカがただ「攻撃」の対象となってしまった事態は、それらがもはや欲望の対象ではなくなってしまったということを意味するであろう。

しかし、このような「攻撃」や敵対性は、一体どういったことを意味するのであろうか。そこには、欲望以外のどういった原理が働き、「攻撃」や敵対性が生み出されているのであろうか。ここで我々は、欲動ないし情動が駆動しているということを主張したい。しかもそれは、特定の仕方で「享楽」が組織化されることで達成される、欲動ないし情動なのだ。その組織化とは、「享楽の盗み」である。ジョディ・ディーンによれば、欲動／情動と欲望の違いとは次のようなものである。[1]すなわち、「欲望とは常に欲望したいという欲望であり、それは決して満たされることのない欲望、つまり、決して達成され得ない享楽へと向かう欲望である。それとは対照的に、欲動は享楽に到達しないという反復的な過程において、享楽を達成する」(Dean 2010, p. 40)ものであるということだ。象徴機能がひとたび低下すれば、欲望の代わりに、欲動／情動が前景化し、主体は享楽をより直接的に達成するように駆り立てられることになる。欲望は享楽の可能性を抑圧する象徴秩序を受け入れることで産出されるものだが、欲動／情動は象徴秩序が機能していない状況で、享楽の可能性が組織化されることで達成されるものだからだ。スラヴォイ・ジジェクによれば、この象徴秩序が機能していない状況での享楽の組織化は、ある特定の形をとる傾向にあるという。それが、「享楽の盗み」である。そして、「享楽の盗み」の典型こそが、ナショナリズムであるという。ジジェクは次のように述べている。

かくて、ナショナリズムは享楽が社会的領野へと噴出するための格好の場所を提供することになる。ネーションの〈大義=原因〉とは、結局のところ、ある一定のエスニシティの共同体を構成する諸主体たちが、ネーションの神話を通じて自分自身の享楽を組織する様式にほかならない。それゆえ、エスニシティに関わる緊張において賭けられているものは、常にネーション的な〈モノ〉の所有なのである。われわれはつねに過剰な享楽を特定の「他者」に背負わしてしまう。彼はわれわれの享楽を（われわれの生活様式に災厄をもたらすことで）盗みとろうとしている、そして/あるいは、彼はなにやら倒錯した秘密の享楽に通じている、というわけだ。つまり、実際にわれわれが「他者」を煩わしく感じるとしたら、それは「他者」の特定の享楽の組織の様式について、より正確には、その様式に付随している余剰、過剰についてそう感じているのである。

（Žižek 1993＝一九九八年、三一七―三一八頁）

翻って一九三〇年代から四〇年代にかけてを鑑みれば、日本にとって西洋とアメリカは、大文字の他者ではなく、自分達がそれに通じるはずであった享楽を、自分達から盗みとるような他者なのであったといえよう。日本は西洋＝アメリカを攻撃することによって享楽を得ようとする欲動／情動によって駆動されていたが、それはアメリカを、日本が本来到達するはずであった享楽を盗み、匿そうとしている存在としてみなしているからであった。ハルトゥーニアンが指摘するように、「この歴史的なエピソードの最も残酷なイロニーのひとつは、西洋、つまりアメリカが、日本人に対しては、自らの近代史、すなわち資本主義的モダニティの経験を破棄するように要求したことである。太平洋の平和を守る条件として、中国における日本の植民地的所有の返還を要求したことがそれであった。いわば日本は、近代のモデルにしてきた植民地主義的・帝国主義な西洋のふるまいを止めるように求められたのである」（Harootunian 2000＝二〇〇七年、一〇四頁）。日本は、自身は享楽しているにもかかわらず、あるいはそうしているからこそ、自分達が享楽することを阻んでいる存在としてのアメリカに、直面し対決しているというわけなのだ。しかも、日本の知識人やエリートにとって、「アメリカニズム」は近代化の鬼子あるいは暴走――しかしそれが近代の必然でもある――として、日本が打ち立てんとする秩序を破壊してしまう「過剰」なものとして、理解されていた。つまり、「アメリカは、表面的で物質的な文明の否定的なモデルと見なされるようになっていた。明治時代に開始された精神の解放を目標とする闘争において、アメリカ文明は、個人主義と民主化に特有な無秩序と凡庸化を、恐るべき程度まで解き放ってしまう点で、明治の文明開化の強力な後継者とみなされ」（同書、一一六頁）ていたのである。明治期に生じた西洋を理念とする欲望が喪失された日本にとって、そのような理念の極限としてみなされたアメリカニズムは、それを打ち倒さなければ日本の安定が奪われてしまうような存在としてみなされていたというわけだ。このようにアメリカニズムとは、まさしくアメリカが自身の享楽を達成するための方法としてみなされていたのであり、そしてこのような享楽は、明治期以来日本が潜在的な「無秩序」を抑圧することで維持してきた社会的安定に対して、その潜在性を扇動する「過剰」なものとして受け取られていたのである。以上のような、日本が到達すべき享楽をアメリカが盗もうとしているという幻想は、知識人やエリート達の言説を通じて、一九三〇年代から四〇年代の「日本」社会において充満していたと考えられる。そしてこのような幻想が、「享楽の盗み」を犯しているとされるアメリカへの敵対的な「攻撃」を通じて、享楽を達成せんとする欲動／情動を「日本」人の間に産出したのであったといえよう。いうまでもなく、このような敵対的な「攻撃」は「ある一定のエスニシティの共同体を構成する諸主体たちが、ネーションの神話を通じて自分自身の享楽を組織する様式にほかならない」のであり、そしてこれこそが一九四〇年代おけるいわゆる「超国家主義」的ナショナリズムの原因であり原理であったのである。

しばしば日本の「超国家主義」的ナショナリズムはその雑多性・雑居性や「無限抱擁」的な包摂性を指摘されてきたが、これはその欲動性／情動性の表れであるということができよう。一九三〇年代から四〇年にかけて、「日本」国民へのナショナリズム的主体化はその欲動／情動に従ったものであったため、このような主体化には、国民が自身の理想として想像し欲望するようなナショナルアイデンティティの理念が欠如していた。ディーンの指摘によれば、ひとたび象徴機能が低下すれば、「他者から我々がどのように見えているのか、他者が我々をどのように見るのか、ということを想像する能力が欠如してしまい、他者の立場に立って、他者の展望から思考するという能力を我々は喪失してしまう。我々はいかなるアイデンティティも選択できるが、しかし、その選択に対する基盤や、あるいは、アイデンティティがひとたび選択されたら、それには義務が必然的に伴うといった感覚は、欠如してしまっている」(Dean 2010, p. 77) という。「超国家主義」的ナショナリズムとして総括される「日本」的主体化の運動には、さまざまなものが含まれていたが、それらには共有された象徴秩序が存在せず、共通のアイデンティティ的理念や理想は存在していなかった。唯一存在し得たのは、「日本」が本来持っているはずとされた卓越的あるいは神聖なもの――この内実も結局はさまざまな党派によってバラバラであった――を侵す存在としての、「西洋」への敵意のみであった。言い換えれば、「日本」的主体はその意味で「流動的で、混淆的で、移ろい易い」(Ibid., p. 76) ものであったのであり、そこには「内面化された規範や制限などが無かった」(Ibid.) のである。丸山眞男は「あらゆる哲学・宗教・学問を――相互に原理的に矛盾するものまで――「無限抱擁」してこれを精神的経歴の中に「平和共存」させる思想的「寛容」」(丸山 一九六一年、一四頁) こそが日本の思想的伝統であり、「國體」概念や「超国家主義」も、本質的にこの伝統の延長上に展開された「無構造」的で「思想的雑居性」(同書、二〇—二一頁)を孕むものであると主張した。これが果たして「日本」的伝統かどうかは我々の立場から見れば議論の余地があるが[2]、少なくともこのような「無限抱擁」性、「無構造」性、「思想的雑居性」が三〇年代から四〇年代の「超国家主義」の明らかな特徴であるという丸山による指摘は、「超国家主義」的ナショナリズムの台頭が象徴秩序の低下に伴う欲動／情動の前景化と、それに伴う「内面化された規範や制限」を欠いた「流動的で、混淆的で、移ろい易い」主体化によるものであるという、我々の分析の傍証となりうるだろう。「超国家主義」的ナショナリズムの核であるはずの「日本」的アイデンティティには、その内実において一貫した構造が存在しない。だからこそ、そのナショナリズムはお互いに矛盾さえするあらゆる論理を包摂することができ、そのアイデンティティは「流動的で、混淆的で、移ろい易い」ものとなっていたのである。そのような中での京都学派による言説は、「超国家主義的」ナショナリズムへの単なる加担として片付けることはできないだろうが、しかし、こういったアイデンティティ状況に対して、より洗練された論理を提供してしまったことは否めないであろう。西田幾多郎は「絶対矛盾的自己同一」という概念を発明したが、それに着想を得つつ、その弟子の西谷啓治は「主体的無」なる概念を「近代の超克」座談会において提示していた。「主体的無」は明らかに、あらゆる論理や原理を包摂しうる「日本」的主体性とアイデンティティを称揚するために提示されたのであって、実際、西谷は「主体的無」が「国家倫理と深く結びついてそれを基礎付けるものとなり、国家のエネルギーの原動力となり得た国は、東洋自身に於いても日本の外にはなかった」(西谷 一九七九年、二九頁)と主張していたのであった。このような西谷の議論に典型的に見られる、三〇年代から四〇年代の京都学派の論理は、西洋と東洋はお互いに矛盾する原理を持つ関係性にあるものだが、「日本」的アイデンティティは、この矛盾を否定することなくその双方を包摂することが可能であり、そしてこれこそが「西洋」的アイデンティティに対する「日本」的アイデンティティの優越性を証明するものだ、というものであったのだった。そしてこういった京都学派の論理もまた、それと対立する他の「日本」的論理――日本浪漫派や、原理日本などの国粋主義者たち――と同様に、「日本」的アイデンティティによって「雑居」的に「抱擁」されていったというわけなのだ。

以上のことを確認した上で、我々は次の問題へと移ろう。それは、一九三〇年代から四〇年代における「日本」の海洋性の主張は、ここまで論じてきたような「超国家主義」的ナショナリズムにおける「日本的」アイデンティティ言説の一つとして、論じられていたものであったということだ。ここで注目すべきは、ディーンが「流動的で、混淆的で、移ろい易い」主体性は、「そのユーザーを集中的で広大な享楽、生産、そして監視のネットワークに捕獲する、現代のコミュニケーションメディア」(Dean 2010, p. 4)のような、力動的で雑種的そしてネットワーク的な空間において創発するものである、と主張していることである。つまり、欲動/情動に駆動された主体性とは、象徴機能が低下したのちに生じた、力動的、雑種的、そしてネットワーク的な空間において生成するものだということなのだ。そして、「日本」的主体性もまた、そういった力動性、雑種性、ネットワーク性といった地政学的な条件から生じると主張したのが、「日本」の海洋性[3]をめぐる言説であった。ここからは、そのような言説の代表的なものとして、小牧実繁による議論を検討していきたい。

3. 戦時期「日本」における海のイデオロギー

小牧実繁は地理学における「京都学派」の中心的人物であり、一九三〇年代後半において論争的な概念である「日本地政學」を唱えた存在である。小牧は一八九八年に大津市にある酒井神社の神職の息子として生まれ、第三高等学校を経て、京都帝国大学を一九二二年に卒業した。その後、同大学院入学、助手、講師を経て、一九三一年に京都帝国大学文学部助教授に就任する。一九三八年の三月には教授へと昇進し、それから程なくして、同年の十一月に発表した「地理學に志す人へ」において、「日本地政學」の構想を唱え始める。小牧が主張するには、この「日本地政學」は、既存の「西洋中心主義的」な地理学および地政学を超克する、新しい地理学的パラダイムとして提示されるべきものであるとされたのであった。しかし、柴田陽一の指摘によれば、小牧は当初より西洋に対して批判的であったのではなく、むしろ特にイギリスに対して共感的であったという。小牧は一九二七年から二八年の「時点では、英国を大変好ましい国と見ていた。彼は「あこがれの国、英国」で、英国人の性格、英国のやり方に大変な感銘をうけた」（柴田 二〇一六年、三七頁）という。にもかかわらず、一九三八年の「時点での小牧は、一転して英国を毛嫌いするようになって」おり、十年前と「比べて風紀が乱れた「ふしだらな英国」に、彼はかつての英国の姿を見出せず、「英国が今やまさに滅亡の前夜にあること」を確信」（同書）していたというのである。柴田によれば、このような小牧による反イギリス的／反西洋的志向は、遅くとも一九三四年には見られ、その背後には日中戦争と満州事変、および西洋によるアジア移民への差別が影響しているという。ただ、もし仮に西洋が統制的理念、あるいは大文字の他者として機能していれば、これらのような事態に直面しても、小牧が反西洋的志向を持たなかった可能性は存在する。ジジェクが主張するように（Žižek 1989＝二〇一五年、九四―九八頁）、我々の意識を支配するイデオロギー[4]とは、そのイデオロギーと矛盾する経験をしたとしても、その矛盾を矛盾として認識させないように機能するものなのだ。その意味で、日中戦争や満州事変、あるいはアジア移民への差別の認識をして、小牧を反西洋へと向かわせたのだとすれば、もはやそこでは親西洋的なイデオロギーが小牧の心を掴んでいないという状況が存在していた、という条件を考慮に入れる必要があるだろう。そして、それこそが、「西洋」がすでに統制的理念、あるいは大文字の他者という特権的な地位を喪失していた、という状況なのではないだろうか。つまり、小牧の精神性は、当時の知識人のある種の典型的な動きを見せているように思われるのだ。そして、だからこそ小牧による「西洋」批判と「日本地政學」の主張は広い訴求力を持つことに成功し、一九三〇年代から四〇年代における、「西洋」に対抗する「日本」によって始められた戦争の「神聖なる」任務を称揚するといった、戦時イデオローグ＝超国家的ナショナリストの代表格へと小牧は成り得たのではないだろうか。

小牧によれば、彼の時代における従来の地理学や地政学は、ヨーロッパの視点から構想されたものであり、しかし、それにもかかわらず、あたかも中立的で客観的であるかのように装っているものであるという。そして、だからこそそれらは、欧米中心的な世界秩序を正当化し、強化するものなのだという。柴田が指摘するように、小牧はそういった地理学や地政学は「西洋列強の帝国主義の「走狗」」（同書、四五頁）に過ぎず、それらは地理学的条件と人間の主体の相互作用を通じて形成される、歴史性や精神性の重要性を無視しているものと考えていたのであった。以上のような認識のもと、小牧は欧米による帝国主義的地理学を超克することを可能にするような、新しい地理学あるいは地政学の構想の必要性を確信しており、そういった新しい地理学および地政学は、「日本」の主体性の基盤となりつつ、それによって見出されなければならない――そこから主体が生成するある種の弁証法的な――ものとして、彼は考えていたのであった。そして、このような目的を達成するものとして、「日本地政學」は唱えられたのである。柴田によれば（同書、四六頁）、小牧は「日本地政學」の構想にあたって、カール・エルンスト・ハウスホーファーによって第一次世界大戦後に唱えられたドイツ地政学を参照しており、それを「主観的政策の學」として、つまりはドイツの主観性《サブジェクティヴィティ》＝主体性を打ち立てるものとして理解していた。しかし、小牧はドイツ地政学の思想を「全面的に評価していたわけではなく」、「欧羅巴的強権主義の発現」であり「ヨーロッパの覇道主義に貫かれてゐる」（同書、四六―四七頁）と批判していたという。言い換えれば、ドイツ地政学もまたヨーロッパ人が考えたものである以上、畢竟それはヨーロッパ自身の自己利益のための地理学および地政学に過ぎない、というわけだ。それとは対照的に「日本地政學」とは、小牧の主張によれば、「世界の万邦をして各々其の所を得しめ兆民をして悉くその堵に安んぜしむ」（同書、四七頁）ような、つまりは地球規模での調和を達成することを目的にするものであり、そしてこのような理想は、「八紘一宇」と日本的な「皇道」（同上）の理念のもとにおいてのみ可能であるというのであった。以上のように、小牧にとって「日本地政學」とは、非欧米世界を支配しつつその富と資源を略奪してきた欧米から、支配権を奪い返すための主体性を打ち立て、欧米に汚染された世界からその本来の姿――「本然の性」――を取り返すことを可能にするような理論として、構想されたものであったのだ。ここに、「日本地政學」もまた、「近代の超克」を目論む――あるいはその欲動／情動によって駆動する――「超国家主義」的ナショナリズムを、「思想雑居的」に構成する一つの言説であったということが、確認できるであろう。

一九四二年、小牧は『地政學上より見たる大東亞』と題した本を出版した。そこでの中心的な主張は、日本によって遂行されている「大東亞戦争」こそが、「日本地政學」の理想を実現するプロジェクトであるというものであった。この本のおもて表紙には、小牧による読者への短いメッセージが載せられており、それによると、「日本地政學」の主要な目標は、「神ながらの皇道」に基づいた政治政策を確立することであり、そしてこのような政策は「世界を一の全體」として見る観点から、「その歴史と地理を綜合的・統一的」に考究すること、小牧の言葉で言えば「時空一如」の見地から検討することで、可能になるものであるという。この本はそもそも、現在のNHKの前身である東京放送局によってラジオ放送された講演の草稿がもととなっており、それが「ラジオ新書」第九十六として日本放送出版協会より出版されたものであった。したがって、この本の出版は時局にかなう形で、広く一般大衆に向けて「日本地政學」を喧伝し、それによって日本が目下遂行している戦争の正しさを称揚するためのものであったといえよう。あるいは、そういった時局を利用する形で、小牧は自身の「日本地政學」の理念を広く社会に浸透させようとした、と考えることもできるだろう。

このようなメディアを通じたプロパガンダという色合いの強い本書であるが、その内容は小牧が従来主張していた議論の簡潔な要約となっている。本書がまず第一に行おうとするのは、欧米中心ではないアジア中心の世界観の提示であり、小牧の主張によれば、このような世界観はアジアの中心である日本が先導することで、初めて可能になるというものであった。そして、このような世界観の開陳にあたり、小牧は大変に奇妙な独自用語を使って、世界地図をマッピングし直そうとする。例えば、小牧は地理用語の大胆な変更を提唱しており（小牧　一九四二年、三一一六頁）、アメリカ大陸を「東アジア大陸」、オーストラリア大陸を「南アジア大陸」、アフリカ大陸を「西南アジア大陸」、そして「オーストララジア地中海」――太平洋とインド洋を分ち、アジアとオーストラリアの間に介在する海――を「大東亜海」と呼び変えることを主張する。小牧はこのような奇妙な主張をするにあたって、その根拠として次のような理由を挙げている。すなわち、これらの大陸の先住民族はそもそもアジアから海を渡って移住した人々であり、したがってアメリカのようなヨーロッパ人によって植民された大陸は元来「アジア民族の生命圏」（同書、三頁）である。だからこそ、世界は本来的にアジア中心の世界として捉えられねばならない、というのである。ここで小牧は、海によって媒介されたアジア中心の世界として、世界は潜在的に統一されているということを提起しているのだと理解できるであろう。にもかかわらず、欧米はこういった事実を無視し、そして自分たちの帝国主義的な利害に基づく形で、世界の欧米化を推し進めている。その結果、世界は欧米の帝国主義的覇権主義によって断片化され略奪されており、その本来の統一性と全体性を失ってしまっている、というのが小牧の主張なのだ。

したがって、小牧は世界を再び統一して、全体的な統合を図ることが重要であると主張する。そして、そのようなプロジェクトを進めることができるのは、ただ日本だけであるというのだ。しかし、なぜ日本だけが可能だというのだろうか。その理由は、端的に言ってしまえば、小牧は日本こそがアジアの中心であると考えているからである。小牧によれば、「大東亜海」から恩恵を受ける形で発展してきたアジアは媒介的な圏域であり、そして日本はそういったアジアと「大東亜海」を欧米の帝国主義から解放する精神的および物質的な力を保持しているという。小牧は、「ヨーロッパをアジア大陸の東に繋ぐ通路に主なるものが三つある」とした上で、それはヨーロッパ人による「東北」および「西北」航路、アジア大陸を横断するシルクロード、そして南方の海上をいく「香料の路」であると主張する。そして、これらのうちで特に重要なのが最後の南方海路であると主張しつつ、この海路上で最も重要なのがインド洋であり、「しかして更にこの印度洋を太平洋に繫ぐものが「大東亜海」にほかならない」（同書、一七頁）と強調する。つまり、「印度洋を太平洋にむすび、印度洋を太平洋と一體たらしめるものが「大東亜海」」（同書、一八頁）なのであるというわけだ。小牧は、こういった「大東亜海」こそは「「むすびのやちまた」として「むすび」の役割を演じてゐる」と主張する（同書、一八頁）。「むすびのやちまた」とは、道の結節点のことであり、ネットワークのハブにあたる所を意味する一方で、「やちまた」とはそういったネットワークが「むすび」から四方八方に延びている様を指している。つまり、「大東亜海」とは太平洋とインド洋、アジアとオセアニアの間にあって、それらの領域を結ぶネットワークを媒介する圏として地政学的に最重要の場所であるというのである。それゆえ、そこは「東西交通の媒介的性格」（同書、九二頁）を保持しており、その結果「民族の移動混淆」と「文化の傳播交流」（同書、一八頁）、そして「アジア民族」の「包容性」の形成（同書、三三頁）に貢献したのだという。だからこそ近代のヨーロッパ人は、「大東亞海」をアジアへの入り口として重要視し、この圏域をなんとかして併合しようと躍起になっていた、というのが小牧の主張なのである。このように、「大東亞海」の恩恵に浴する形で、混淆的で移動的、交流／流動的——つまりそれだけ力動的——な場所としてアジアは発展し、そうであるがゆえに、調和的統合による世界の統一を可能にする地政学的潜在性を保持している。それにもかかわらず、欧米による帝国主義のせいで、この可能性は常に阻害され続けてきたのだ、と小牧は主張するのである。そしてここから、このような可能性を完全に達成するための主体性として、「日本」的主体性の確立の主張へと、小牧は向かっていく。小牧によれば、「實に日本は、大東亞に、更に世界に發展して、これを綜合統一すべき世界の中核たるの自然的基礎を與へられてゐる」のであり、その理由は「大陸と海洋との接合點に存在するその島嶼的位置は日本の性格をして海洋的たらしめると共に大陸的たらしめ、加ふるにその氣象の複雜性はまた日本民族をして世界無比の大空民族、世界最優秀の制空民族たらしめ、大東亞のみならず、また實に世界の全性格をこの一點に集中統一」(同書、二五頁)しているからだという。つまり、アジア的な混淆的で移動的、交流／流動的な性格を最も体現しているのが、地理的にアジアと世界の中心に位置する日本である、というのである。また、とりわけ「大東亞海」はアジアを中心に世界を統合するプロジェクトの中心的圏域でなければならないが、その理由は「大東亞海」が「單にアジアの一地域としての藩屏たるに止らず、却つてアジアが世界を開き、世界に向つて發展すべき門戸、八紘一宇のむすびのやちまたたるべき意義を有する」(同書、七五―七六頁) からであるという。そして、その地理的な条件によって、混淆的、移動的、交流/流動的なアジア性を最も体現する日本のみが、このようなプロジェクトを遂行する媒介的な主体性を形成することが可能であるというのである。このような議論の結果、小牧が強調するのは、彼が日本の超歴史的な本質的精神性として信じてやまない「皇道」は、それが世界の統合を目標とする「肇國の大精神に従ひ、八紘一宇を國是」(同書、七六頁) とするものとして、このような媒介的主体性の伝統的な表現であり、そしてこの具現化こそが「大東亜戰争」の目標である、というものなのだ。

いうまでもなく、以上のような「大東亜海」の潜在的可能性を完全に達成するというプロジェクトを遂行するためには、日本は欧米――とりわけ英米――による国際関係上のヘゲモニーを打破しなければならないということになる。果たして、小牧はこれこそが日本による戦争遂行の主要な目標であるという。彼は次のように主張する。

今や大東亜戰争は着々として進展しつゝある。しかも大東亜戰争の目標は皇道世界維新になければならない。アジアを侵略者欧米の手より奪回し、これを正しい本然の秩序にかへさなければならないのである。これを經濟についていへば、アジアの經濟をアジアの經濟の基調たる農業にかへらしめると共に、これが近代化、否、現代化をはかるといふ方向に進まなければならない。

（同書、五五―五六頁）

戦争を通してアジアから欧米のヘゲモニーを取り除き、「正しい本然の秩序」に帰るべし、というわけだ。ここで、小牧はアジアの「正しい本然の秩序」の復活は、農業を基調にした経済に回帰せねばならないと主張しているが、しかし、なぜ農業なのであろうか。その理由は、アジア的特徴あるいは本質とは自然とのその親和性にある、と小牧が考えているからである。「アジアの民族は自然には反抗せず、自然とは闘争せず、自然をば敬愛し、自然とは深く結ぶ」のであり、それゆえ「自然は分解し切斷せずして直觀する。抽象せずして象徴する。克服するにはあらずしてこれを生かす。これがアジアの精神である」（同書、三六頁）と小牧は主張する。そして、このようなアジア的精神性の具現化、自然との親和的関係性において営まれる生産活動・経済活動こそが、農業であるというわけだ。それに対し、こういったアジア的精神性とは対照的なものとして小牧が批判するのが、欧米の精神性である。欧米は自然に対し敵対的で攻撃的である、というわけだ。小牧は、「ヨーロッパにおける近代科學の誕生は、元來ヨーロッパ人の自然に對する分析、分解の態度、自然に對する反抗闘爭の態度より出たるものにほかならない」が、「かゝる近代科學に統一の基礎をおくヨーロッパ文化が、その極度の發展において却つてその得々たる物質文明、機械文明による破綻に苦しみ、結局その自然克服的人生觀と世界觀の失脚を見るに至るべきことは當然だつた」（同上）のであると主張する。[5] このように、欧米は自然を支配することを目的とした、近代的科学技術のせいで危機に瀕していると診断――あるいは断罪――される一方で、アジア的精神性こそはそのような危機を超克するための処方箋である、というのである。言い換えれば、小牧は次のように考えているのだ。すなわち、欧米は近代科学技術に支えられた強大な力をもってして、帝国主義と植民地主義を推し進めてきたが、いまやその近代科学技術自体から皮肉にも手痛いしっぺ返しをくらい、破綻の苦しみに喘いでいるのに対して、自然との調和的な精神性をもつアジアは、そのような欧米から支配権を奪回し、科学技術によって打ち立てられてきたものとは異なる、自然に即した古くて新しい世界を構築できるのだ、と。

論理的で分析的な欧米に対して、直感的で情感的な日本。ここで小牧は、一九三〇年代から四〇年代の超国家主義者、あるいは日本のファシスト的な想像力によって構想されていた、典型的な二項対立的クリシェを反復しているように思われる。そもそも、日本のファシズムにおいて際立って特徴的なことは、藤田省三が指摘するように、その理想が「天皇との直通意識にもとづいた「心情的結合」」(藤田　一九九八年、一五二―一五三頁)であるということだ。日本のファシスト達にとって、日本は「生物自然の欲求」にもとづいた穢れなき「無為自然の共同体」を「国家の基礎」(同書、一五四頁)とするものであり、そしてこういった「純心純情」な共同体は、天皇とその臣民たる人々との間の無媒介な心情的・感情的な紐帯によって支えられているのであった。彼らからすれば、欧米の論理主義あるいは理性主義の観点からは、こういった「日本」的共同体の（情動的）リアリティは全く理解できないものだ、ということになる。欧米的精神は、「「西欧的唯物論化」であり、国家の心情に反する」（同書、一五〇頁）というのである。日本のファシスト達が抱擁すべき唯一の原理は、このように天皇および穢れなき自然＝大地的共同体との直接的に結びついているという感情――あるいは情動――を担保するということであり、それゆえ、天皇および共同体へと向かう感情や情動が触発されるのであれば、いかなる行為や活動も正当化されると彼らは考えていたのであった。「ただひたすら祖国を抱けば、それで価値と行動は矛盾なく繋がる。いかなる行動も、至情から出ている限り、彼自身においては正当である」（同書、一五五頁）というわけだ。このような日本のファシスト的な感情／情動原理には、個人を規定するような一貫した内面的規範がいかなるものであれ欠如してしまっていることは、理解するのは難しくないであろう。藤田が厳しく批判するように、「「至情」の結果は、正確な価値測定のできないのが当然」であり、「そこには価値判断のチャンとした尺度そのものがない」（同上）がゆえに、日本のファシスト達の構想する天皇制国家とは「内面的規範性は存在しな」い「自然心情の体系」（同書、一八六頁）であったのだった。

小牧によるアジアの精神性をめぐる議論は、明らかに日本のファシスト的あるいは超国家主義的な原理と共鳴しあっているといえよう。そして、彼らの間には「享楽の盗み」によって組織化された欲動／情動が駆動していると考えられるだろう。彼らにとっての心情的結合の対象である「日本」について、その「無為自然」性や「純心純情」性といった純粋性は、西洋との対比において見出されている。それゆえ、その純粋性への感情的あるいは情動的なアクセスは、その純粋性を穢し汚染している「理性」的で「機械文明」的・「唯物論」的な西洋への、敵意と否定を通じて可能となっている。「ただひたすら祖国を抱」くための方法とは、「祖国」を穢すとされている敵を「ただひたすら」攻撃し否定することの裏返しによってのみ、可能となるのだ。ここでは、自己のアイデンティティを想像するための対─形象化の図式に規定されながらも、統制的理念あるいは大文字の他者としての西洋は否定する、という機制が働いているといえるであろう。小牧は極度に発展した近代科学技術をその力の支えとする欧米を強く非難しているが、それは日本とアジアが本来保持していたはずの自然的秩序──「正しい本然の秩序」──を侵犯するというやり方で、自然を支配する過剰なものとして欧米を捉えているからであるわけだ。そしてそれは欧米を、日本が本来享受すべきであった「享楽の盗み」を働いている存在として、小牧は見なしているのだといえるであろう。したがって、小牧にとってナショナリズムの高揚と戦争の正当化とは、享楽を盗み取ろうとしている欧米を攻撃するという形で享楽を組織化することで、欲動／情動を達成せんとするものなのだ。

小牧はまた、大文字の他者としての欧米から支配を奪還した世界の新秩序を構想しようとしているが、その基盤となるのは、ネットワーク的で流動的、混淆的、そして力動的であるとされた「大東亜海」なのであった。このような「大東亜海」は、奇しくもディーンの主張する「現代のコミュニケーションメディア」的空間に類似している。そこでは統制的理念あるいは大文字の他者の喪失によって象徴機能が低下しており、欲動／情動の循環する空間となっているため、その秩序自体が欲動／情動を触発された「流動的で、混淆的で、移ろい易い」主体によって形成される、アドホックで一貫性の欠いたものとなる傾向にあるだろう。しかし、だとしてもそれは問題ではない。むしろ、アジアとそれを代表する日本の本来的な秩序は、原理的にそのようなものであるというわけだ。しかも、小牧にとって日本とはこのような主体の一つであるというだけでなく、むしろ諸主体を媒介する主体として、流動的で混淆的な、力動的秩序の背後で超歴史的に機能するものなのだ。「世界の万邦をして各々其の所を得しめ兆民をして悉くその堵に安んぜしむ」主体である。ここで、「日本」的主体性は二重化し、その超越的なアイデンティティ――無限抱擁的な「超国家主義」的アイデンティティ――が担保される。つまり、欲動／情動的な諸主体の一つとしてと同時に、それらを包摂する唯一の欲動／情動的主体としてである。そして、この唯一性の核にあるものこそが、「享楽の盗み」なのだ。欲動／情動的な諸主体は、さまざまなかたちで自身の欲動／情動を触発される――それらもまた実際は「享楽の盗み」によって組織化されている――だろうが、しかしこれらの諸欲動／情動はまた、「正しい本然の秩序」を穢し掠め取ってきたとされる欧米への敵意において一致し、まとめ上げられている、あるいは、囲い込まれているのだ。言い換えれば、このような敵意こそが「日本」という「ネーションの〈大義＝原因〉」を支えるものであり、それは「ネーション」の神話を通じて自分自身の享楽を組織する様式」として、さまざまなアジア＝「日本」的主体性を産出すると同時に、それらを包摂する超越的なアイデンティティとしての「日本」的主体性を、可能にするものなのである。

以上のような、「日本」的主体性による「大東亞海」の解放といったプロジェクトは結局、日本の敗戦とともに潰え、忘れ去られてしまう。しかし、統制的理念あるいは大文字の他者の浮沈によって、欲動／情動の原理的重要性が左右されるということに関しては、戦後も似たような軌跡を辿る。そして、「享楽の盗み」もまた再び問題となるが、それがどのような形で組織化され、どういった意味をもっているのかを検討するにあたって重要となるのが、太平洋戦争と日本の海洋性に関わるアニメなのである。そこでは、欲動／情動が三〇年代から四〇年代にかけてと同じ様に反復される可能性と、そのような反復にある意味で抗するようなかたちで情動が触発される可能性の、両方の事態が見られるのだ。次節では、この問題について考察しよう。

4．戦後日本とアニメにおける海の情動政治
『艦これ』、『アルペジオ』、『はいふり』

一九四五年の敗戦ののち、「日本」は新しい統制的理念、あるいは大文字の他者を受け入れる以外に選択肢はなかった。その大文字の他者とは、いうまでもなく何よりもアメリカであり、あるいはソヴィエトであっただろう。実際、戦後日本の社会改革は、アメリカからの

尋問＝召喚《インターペレイション》のもとで遂行されたのであった。連合国軍最高司令官であるダグラス・マッカーサーの司令のもと、民主化政策として数々の方針——女性への普通参政権の付与、労働者の権利の保護、教育の自由主義化、財閥解体などの市場の民主化、農地改革による大地主の解体、特高のような秘密思想警察の廃止など——が推し進められていった。こういった方針とともに、全く新しい画期的で民主的な憲法が、これまでの権威主義的でしばしば神権的でもあった憲法にとって代わることになり、いわゆる「戦後民主主義」の中心的な原理となっていったのであった。言い換えれば、アメリカの提示する理念を欲望する方向へと、「日本」は自己を統制していったのである。しかし、時が経るにつれて、アメリカ（そしてソヴィエト）の大文字の他者としての地位も、消失していった。ここで、その消失がどのような経過を経て生じたかを考察するために、戦後日本における人々の精神性について論じた、見田宗介による有名な論考を参照してみたい。

見田によると戦後は、一九九〇年代初頭までで三つの時代区分に分けることができるという。すなわち、「「理想」の時代」、「「夢」の時代」、「「虚構」の時代」である。まず、一九四五年から六〇年ごろまでの「「理想」の時代」においては、「二つの大文字の理想」が支配していたという。それは、「アメリカン・デモクラシーの理想」と「ソビエト・コミュニズムの理想」である（見田　一九九五年、一二頁）。これらはお互いに対立する理想でありながら、理想であるという点では一致し、「この時期の「進歩派」として、「現実」主義的な保守派の権力と対峙していた」(同上)という。しかし、その理想は単に理想なのではなく、それに従って現実を「切り拓き」「変革する」指向性を持っていた。「事実アメリカン・デモクラシーもソビエト・コミュニズムも、それぞれの進歩史観にもとづいて、彼らの理想が人類の必然的な未来であり、やがて必ず〈現実〉となるものであることを疑わなかった」(同書、一三頁)のであった。このことは民衆の現実主義にも反映し、人々は物質的な豊かさに象徴される「American Way of Life」を「未だない理想」として欲望していたのであったという。そして、この次の一九六〇年代から七〇年代前半にかけての「「夢」の時代」においては、人々は「ほとんど「歴史の終り」と言う意識、戦争と敗戦と急激な経済復興という激動の歴史のあとで、もうこの国には基本的には何事も起こらないのではないかといった、幸福な終末の感覚」(同書、二一頁)によって満たされていたという。そこには、「理想」を達成したという「夢」の状態に自分達はいる、という感覚が支配的であったのだった。また、それと同時に、この時期を特徴づけるのは「戦後第一期のさまざまな「理想」のかたちに対する、全面的な反乱」(同書、二五頁)であっという。それは、アメリカやソヴィエトによって提示された「政治的な理想に向かう運動や、これに対立した「現実」主義者の経済的な理想の実現が生み出してしまう、新しい形の抑圧や非条理からの解放」(同書、二四頁)を求めるものであったのだった。言い換えれば、特にこの時代の後半では、ラディカルな青年達が「アメリカン・デモクラシー」や「ソビエト・コミュニズム」をさらに超えるという「熱い夢」を追求し、それが学生運動というかたちで具現化していったのである。最後に、一九七〇年代後半から九〇年代における「「虚構」の時代」においては、人々はあらゆるものを「虚構」とみなすようになったという。いつのまにか「日本は自己を「先進国」であると意識しはじめる」（同書、二六頁）と同時に、それまでの理想と夢の時代における苛烈な社会変革や闘争が孕んでいた「凶暴なもの、熱いものの余燼を完璧に削ぎ落とし純化しながら」（同書、二五頁）、この時代の感性は「やさしさ」を基調として表現するようになっていった。前時代の「熱さ」に打ちひしがれ嫌気がさした者たちの行き先が、「やさしさ」であったというわけだ。しかし、この「やさしさ」の背後には、「結局は土のにおいや汗のにおいや、「キタナイ」仕事や「ダサイ」仕事」（同書、三二頁）によって社会は支えられているといった現実を無視し、「「オシャレ」で「キレイ」な虚構の空間」（同上）に引きこもることを良しとする態度――そのような「現実」は結局変えられないし、無理に変えようとすると「熱さ」がぶり返してしまう――が存在しているという。つまりそれは、「現実自体の非・現実性、「不・自然性」、虚構性」（同書、二八頁）の中で完結できるのであればそれで構わないという、ある種の開き直りによって可能となっている感性であるというのだ。このような開き直り、あるいはシニカルな態度は、高度資本主義による消費社会の出現と相関しているが、それはこういった社会における資本主義を支える振る舞いが、虚構的な価値を価値として認めるというものであるからだという。つまり、「「虚構社会化」という現象が、「消費社会化」、「情報社会化」といった社会の構造的な変容と、内的に結びついている」（同書、三五頁）というのである。

このように、見田によれば一九七〇年代のアメリカやソヴィエトといった大文字の他者が消失し始めるというわけだが、それと同時期において日本のより若い世代を魅了するポピュラー文化／メディア文化が出現し始める。それこそが、アニメである。当時のアニメとして、最も代表的な例として挙げられるのが、『宇宙戦艦ヤマト』であろう。『ヤマト』は松本零士の漫画を原作として、一九七四年にテレビでの放映が開始された作品である。美術評論家の椹木野衣が指摘するように、『ヤマト』は当時の若い世代によって「圧倒的な支持をうけることになるサブカルチャーの一大原点」であり、「このアニメにひときわ熱中したものたちによって、その後の「おたく」カルチャーの主たる流れが作られていくことになる」（椹木　二〇〇五年、一九三頁）ものであるのだった。そして、このアニメの注目すべき特徴は、「その設定のSF的空想性にもかかわらず、それはどこかで、見るものに、かつての日米戦争の記憶をよびさまさずにはおかない」（同書、一九四頁）点である。あえて説明するまでもなく有名であろうが、ここで改めて『ヤマト』の物語の概要を確認すれば、それはガミラス星人という——青い皮膚に金髪という外見を持つ——異星人による「遊星爆弾＝核兵器」による「侵略攻撃」で、滅亡の危機に瀕している地球人が、「イスカンダル」という宇宙の彼方にある惑星からのメッセージを頼りに、旧日本軍の戦艦「大和」を改造した宇宙戦艦——当然、乗組員は全員日本人である——で、放射能を除去してくれるという装置「コスモクリーナーD」の設計図を求めて宇宙へと旅に出る、というものだ。遊星爆弾＝核爆弾とそれによる放射能汚染、空からの攻撃によって瓦礫の山と化した地上都市、絶望的に圧倒的な敵に対する決死の攻撃＝特攻、そしてなによりも「日本海軍最後の希望と呼ばれ」（同書、一九五頁）、沖縄に向かう途上で轟沈した悲劇の戦艦である大和＝ヤマト。「明らかにこの物語は、かつての日米戦争を下敷きにしている」（同上）のである。しかし、椹木によれば「日本の戦後サブカルチャーの流れにあって、こうした事例は、実は〈ヤマト〉に特別なことではない」（同書、一九五―一九六頁）という。水爆実験で眠りを醒まされた『ゴジラ』や、「放射能による突然変異を思わせる」（同書、一九七頁）怪獣の造形がしばしば登場する『ウルトラマン』、「超能力少年たちによるサバイバル戦争によって首都はまるで核兵器を投下されたかのように破壊され尽くされ」（同上）てしまう『アキラ』、そして「正体不明の「使徒」の侵略に対抗するために、「学徒動員」によって「特攻」を強制される」（同上）少年少女が主人公の『新世紀エヴァンゲリオン』など。このように、「かつての「日米戦争」を連想させる物語的設定が、敗戦後も日本のサブカルチャーの基調であり続けた」（同上）というのだ。

「オタク」、あるいは「おたく」「ヲタク」という言葉は、一九七〇年代から台頭し始めたアニメやマンガなどを中心にしたサブカルチャー／ポピュラー文化についての熱狂的なオーディエンス、もしくはファンやファンダムのことを指すものだが、以上のような日米戦争を想起させる物語設定とその基盤にある日米の敵対的関係性は、「オタク」に対してその精神性や態度を特定の方向へと向かわせることになった。それは、アニメをいわゆる「現実」の虚構性を暴き出すものとして理解するということを通じて、「オタク」はアニメによって触発された自分達の想像力をどのように処理すべきか、学ぶようになってきたということである。椹木は次のように主張する。

日本の「おたく」や美術におけるネオポップの世代が成長したのは、こうして、概ね極東における日本の政治的・経済的・軍事的自閉が、新左翼運動の崩壊のあとを受けて、より強固に完成されている時期にあたっていた。そこでは、かつての戦争も、冷戦下のアジア近隣諸国における代理戦争も、自国の「自衛隊」という名の軍隊も、一種のフィクションとしてみなし、マンガ＝アニメ的に仮想化する意味の空間を作り出した。今日に至るまで、日本のサブカルチャーの多くが、軍事兵器に対して熱狂的な愛好を示しながら、それが現実の歴史や政治と結びつくことなく、「趣味化」されているのは、そのためだろう。（同書、二〇三頁）

椹木によれば、以上のような状況は「一九七〇年代以降の政治的抑圧の中で、過去の戦争において打ち振るわれた二つの暴力――日本国による中国をはじめとするアジア諸国への軍事的侵略と、アメリカから自国が受けた大規模な空襲と二度にわたる原爆の惨禍――を、二重に忘却することによってうみだされたものだ」(同上)という。しかし、このような椹木による指摘とは別に、オタク的な想像力を解釈する可能性も存在するように思われる。それは、オタクはアニメを通して暴力を忘却したのではなく、むしろフィクショナルに反復しているのではないか、ということだ。「「虚構」の時代」へと社会が変化することで、大文字の他者とそれが支えていた象徴秩序のリアリティが消失してしまい、全てのものが相対化され虚構としてみなされるようになった。このような状況にあっては、欲動／情動が再び前景化し、かつてのような形で人々が「享楽」を達成しようとする可能性が生じるだろう。すなわち、「享楽の盗み」である。実際、八〇年代に入り、梅原猛などのいわゆる新京都学派による非ヨーロッパ的で日本的な自然的世界への回帰といった言説が力を持ち始める。(6) さらには、九〇年代後半からは修正主義的で排外主義的な歴史観を唱えるナショナリスト勢力が、台頭し始める。しかも、こういった勢力による情動を触発する力を増幅したのは、インターネットにおけるプラットフォームという技術であった。(7) ディーンが指摘するように、現代のネットワーク・メディアは欲動／情動によって駆動するコミュニケーション空間を形成しているが、二〇〇〇年代以降の日本社会においていわゆるネット右翼に象徴されるようなインターネットナショナリズムが顕著に存在感を増してきたという状況は、まさに大文字の他者の消失に伴う情動／欲動に駆動されたコミュニケーションの前景化という事態を示している、と考えられるだろう。そのようなインターネットナショナリズムを形成しているのは、一貫した主体性やアイデンティティによって規定された論点というよりも、「享楽の盗み」――「反日勢力」によって盗まれているとされる――によって組織化された欲動／情動に左右される「流動的で、混淆的で、移ろい易い」主体性なのだ。このような中で、オタクもまた自身の「享楽」を「享楽の盗み」を通じて組織化しようとする可能性が生じるだろうが、しかし、それはフィクショナルな形でなされてきたのである。すなわち、戦時中における日米の敵対的関係性を、『ヤマト』などのアニメを通じて反復するということである。それゆえ、オタク達は自分達の「享楽の盗み」を通じた「享楽」の組織化と、それによる欲動／情動の触発はあくまでもフィクショナルものであることに自覚的であり、その意味で自分達の達成する「享楽」を相対化していると考えられる。言い換えれば、「「虚構」の時代」以降の時代状況において、ネット上のプラットフォームの発展とともに欲動／情動が前景化しつつある中、フィクションを通じて自らの欲動／情動を馴致するということを、オタクは学んできたのではないかということなのだ。それは、暴力の忘却というよりも、再び生ぜんとする暴力を馴致する、ということなのではないだろうか。これは、欲動／情動が前景化する「「虚構」の時代」にあって、アニメの持つ一つの可能性かもしれない。

とはいえ、すでに本書を通じてこれまで考察してきたように、欲動／情動自体が、そもそもリアリティを構築する力をもったものなのであった。その意味では、アニメを通じて触発された情動は、単にフィクショナルな次元に留まりうるものではないのではないか。もしもアニメにおいて「享楽の盗み」が反復されているのであれは、その「享楽」を盗んでいると見なされている対象が、現実の存在と結びついてしまう可能性があるのではないだろうか。言い換えれば、現実に存在する対象によって触発される情動が、アニメにおける経験を想起させ、「享楽の盗み」を犯している対象を現実に見出してしまうということがありうるだろうということだ。だとすれば、かつての戦争を想起させるようなアニメは結局、インターネットナショナリズムのようなものと共犯関係に陥ってしまうということになってしまうのではないだろうか。もしもそれ以上の可能性をアニメに見出すのであれば、「享楽の盗み」に回収されないかたちで欲動／情動が触発される可能性を、アニメにおいて検討する必要があるだろう。

この問題を考察するために、三つのアニメ作品――『艦隊これくしょん』（以下『艦これ』と表記）、『蒼き鋼のアルペジオ』（以下『アルペジオ』と表記）、そして『ハイスクール・フリート』（以下『はいふり』と表記）――を取り上げてみよう。これらは、いずれも太平洋戦争における日本海軍の戦艦といわゆる「萌え」を重要なキャラクター的要素とし、海における戦略や戦闘を主題としたアニメである。トマス・ラマールによれば、日本のアニメにおいて一般的であったリミテッド・アニメーションは、それが「セル」の重ね合わせによる多平面性を生じさせるテクノロジーであり、それはフェリックス・ガタリが言うところの、ヘテロジェネシスを可能にする「機械」――「アニメ的多平面機械」（Lamarre 2009＝二〇一三年、一六頁）――に相当するという。このような多平面性は、「情報の分配的な領域」（同上、一七六頁）を構成し、そのような分配的領域によって情動を触発されることで、さまざまな予測不可能でありつつも協働的でもある活動を行う諸個人が創発される。それこそが、オタクである。オタクは特に、それ自体が分配的な領域でもあるアニメのキャラクターによって情動を触発される。それと同時に、キャラクターは様々なメディアに現れたり、メディアとメディアの間を繋いだり——いわゆる「メディアミックス」——することで、情動を触発された諸個人を誘導する。言い換えれば、キャラクターとは一つのプラットフォームであり、そこで生じる「内《イントラ》＝作用《アクション》——流通《ディストリビューション》／分配の生産力」（Lamarre 2018＝二〇二三年、二二七頁）は、オタクを含む様々な存在を規定する関係性や社会性を産み出すのである。『艦これ』、『アルペジオ』、『はいふり』を含めた、「「虚構」の時代」以降の社会においてアニメが持つ訴求力は、このようなプラットフォーム的な情動／欲動を触発する力にある、とまずは理解すべきであろう。とりわけ、「萌え」という要素を付加された戦艦というキャラクター＝プラットフォームによるメディア横断的な力に誘導されることで、オタクはこの三作品——もちろんそれだけに留まらないが——の間を行ったり来たりする。オタク的「自己の様々な実践は、様々なプラットフォームとキャラクターに具体化された複数のメディア傾向を横断して広がる形で成立する」（同書、二二四頁）のである。このようなキャラクターとしての戦艦は、——『ヤマト』と同じく——椹木が指摘するような日米の敵対的関係、あるいは太平洋戦争を下敷きにした物語的基調を想起させるであろう。つまり、「享楽の盗み」を通じた「享楽」の組織化を、可能にするものであるように見えるだろう。その上で、情動がリアリティを構成する力を持つのだとすれば、これらの作品において描かれている敵対性がそのまま歴史的事実における敵対性へとスライドし、歴史上において敵であった存在をリアルな敵としてみなしてしまう、という事態が生じてしまうのではないだろうか。実際、『艦これ』と『アルペジオ』には、そういった危うさも孕まれているように考えられる。だが、この三作品を比較することは、「海」の持つネットワーク性と情動の関係についてより踏み込んだ考察を可能にしてくれると思われる。それらは、「海」として形象されるネットワークにおいて、キャラクターとしての戦艦のプラットフォーム性はどのように情動を「流通／分配」させるべきなのか、互いに異なる解釈を提起しているように考えられるのだ。

特に、『アルペジオ』と『はいふり』においては、「流動的で、混淆的で、移ろい易い」主体性について、小牧とは全く異なるかたちで――つまり「享楽の盗み」とは異なるやり方で――その情動を誘導する方向性が示唆されている。だとすれば、戦艦というキャラクター＝プラットフォームにメディア横断的に誘導されることで、オタクは一つの方向へと収斂されない情動の触発へと導かれることになるだろう。ここに、一つの政治的可能性が見出せる。それは、今日においてし中心的なものとなりつつある、インターネット上の情動をめぐるプラットフォーム政治――「享楽の盗み」をもとにした排外主義的なナショナリズムの高揚――に抗するための、一つのヒントとなるだろう。

『艦これ』すなわち『艦隊これくしょん―艦これ―』は、同名のブラウザーゲームを基盤にしたメディアミックスプロジェクトであり、これまでに二つのテレビアニメシリーズがそれぞれ二〇一五年と二二年に、そして一つの劇場版アニメが二〇一六年に発表されている。このアニメの主なプロットは、太平洋戦争時の日本海軍所属のものを中心に、戦艦を女性キャラクターに擬人化した「艦娘」(「かんむす」)が、正体不明の敵「深海棲艦」(これも「艦娘」同様女性様のキャラクターである)から、世界と海を守るべく戦うというものだ。「艦娘」のモデルのほとんどが旧日本軍の戦艦であるということ以上に注意すべきなのは、「艦娘」と「深海棲艦」との間の戦場が、太平洋戦争時における日本海軍が参加した海戦や作戦をモチーフにしているということである。特に、二〇二二年から二三年にかけて放映された、アニメシリーズ第二期にあたる『「艦これ」いつかのあの海で』では、一九四四年のレイテ沖海戦がモデルとなっており、本海戦を契機に日本海軍の崩壊が決定づけられたのと同様に、圧倒的な戦力を持つ「深海棲艦」への「艦娘」による絶望的な戦いが描かれている。このような、「艦娘」による「深海棲艦」の侵略に対する海上での戦いという物語は、欧米によって汚染された「本然の秩序」を回復するというプロジェクトにおける、「大東亜海」での覇権を奪還するという日本海軍の役割を容易に彷彿させるだろう。しかも、興味深いことに、『艦これ』では「深海棲艦」によって侵略・制圧された海域が赤く変色していくさまが描かれているが、この描写から自然の純粋無垢な海が汚染されていっているという状況を想像するのは、さして難しくないだろう。つまり、『艦これ』においては太平洋戦争時の日米の敵対関係がその物語の基調として設定されており、そして、本章で小牧の思想についての批判的分析を通じて明らかになった、このような敵対関係を支えていた「海」のイデオロギーが反復されている、と捉えることが可能なのだ。それゆえ『艦これ』は――アニメ一期のように「艦娘」が「深海棲艦」に勝ち続ける限りにおいて――、「享楽の盗み」を通じた「享楽」の組織化をフィクショナルに達成するものとして機能しうるものである、と考えることができるだろう。だが、一方で『いつかのあの海で』のように、史実通りに戦艦＝「艦娘」が次々と轟沈する様子が描かれると、逆説的にもリアルな戦争への反発へと情動が強く触発されることにもなる。キャラクターによって触発される情動的リアリティ――オタクにとって「艦娘」はリアルな存在であり、その死を意味する物語は受け入れ難い――と、いわゆる現実との間の落差に、衝撃を受けてしまうのだ。その意味で、アニメとしての『艦これ』による情動的な触発は、両義的なものとなっているともいえよう。

『艦これ』で描かれている海戦は、基本的には領土化のための戦いである。結局それは、より豊富な物量と戦力を備えた陣営が確固とした陣地を形成し領域を囲い込んだ結果、勝利を収めるという、古典的なセオリーに則っている。その意味では、「海」のもつネットワーク性に十分注目できてはいない。この点が、小牧と『艦これ』の近さを生じさせるものでもあるだろう。領土化は、一つの方向へと誘導された情動による敵対性へと人々を導くことで、可能になるものなのだ。それに対し、『アルペジオ』と『はいふり』は、このようなネットワーク性により自覚的であり、そこに情動をめぐる異なった政治の可能性を見ることが可能であろう。『アルペジオ』は、領土化に成功したかの様にみえる敵に対し、どのようにネットワーク性を利用しつつ反撃するのかが主題となっている。それに対し、『はいふり』はそもそもネットワーク性を利用する敵を、自らもネットワークを利用しつつ出し抜くことで、どのように抵抗できるのか、ということが主題となっている。これらは、ネットワークを循環する情動を権力がどのように捕獲するのか、そしてそういった権力への抵抗はいかに可能か、という問いを提起するものとしてそれぞれ解釈できる。これらのアニメにおいて捕獲されたオタクの情動は、そこでキャラクターたちがネットワークを形成するのに応じて、さまざまな方向へと向かう潜在性をもっているのだ。このような領土化とネットワーク性をめぐる問いは、そのままネットという海の考察へと繋がる。領土化は「特殊化された利害やファイヤーウォール化された領域への切断された島々へと電子空間を分割」してしまう一方で、ネットワーク的な力は「ヴァーチャル空間の開放性」を利用するものなのだ（Terranova 2004, p. 62）。つまり、ネット上でも情動の囲い込みと解放が、その政治的可能性として問題となるのである。

『アルペジオ』は、Ark Performance による漫画を原作にしており、正式なタイトルは『蒼き鋼のアルペジオ―アルス・ノヴァ―』として、二〇一三年に一期分のテレビシリーズと、その続編にあたる二つの劇場版が二〇一五年に発表されている。興味深いことに、『アルペジオ』のエンディングロールには『艦これ』が協力として記載されており、ここからも戦艦＝キャラクターのメディア横断的なプラットフォーム性が確認できるであろう。『アルペジオ』でも旧日本海軍の戦艦を中心に、女性に擬人化された「メンタルモデル」と呼ばれるキャラクターが登場する。彼女たちは「霧の艦隊」と呼ばれる、人間を圧倒する力を持つ出所不明の戦艦群が、外界との接触を図るために自ら形成した「インターフェース」であるという。「霧の艦隊（艦艇）」と「メンタルモデル」は基本的に人間に対して敵対的だが、例外もいる。それこそが、「霧」を裏切り、主人公の千早群像と行動をともにするイオナ――旧帝国海軍伊四〇〇型潜水艦の二番艦である伊四〇一を模した「霧の艦艇」の「メンタルモデル」――である。群像とイオナは協力して、「霧の艦隊」とその「メンタルモデル」によって支配され領土化された海を奪還すべく航海に出るが、群像は「霧」の側についたとみなされ人類の裏切り者として追われることになる。そして、その航海の途上において他の「霧の艦艇」たちと対峙しつつ、中には味方に引き入れることにも成功する。それによって霧の艦隊による領土化を、徐々に切り崩していくのである。

この過程において重要な要素となっているのが「感情」であり、「メンタルモデル」たちが感情を学び持ち始めることと、彼女たちが仲間となっていくことが相関するものとして描写されている。それゆえここでは、情動の潜在性がネットワークの形成過程において、いかに現働化するのかが問題となっているのが理解できる。『アルペジオ』におけるあらゆる戦艦＝キャラクターは、潜在的に情動を触発されると同時に触発する存在である。「メンタルモデル」たちが感情＝情動を持ちうる存在たらしめるのは、むしろ彼女たちによって感情＝情動を触発されれる存在だ。主人公である群像は、このように戦艦＝キャラクターによって情動を触発される存在なのであり、その意味で彼はオタクを代弁する者である。実際、群像は人間よりも「メンタルモデル」の方により感情移入しているように見える。だが、このような感情＝情動の触発は敵である限り潜在性に留まっている。それが完全に現働化するのはお互いが味方となった場合であり、それはまさに、これまで「霧」の一員であった「メンタルモデル」が、イオナと群像の仲間――「蒼き艦隊」――となった時である。このような、敵か味方かということが、決定不能な形で潜在化されているという状況は、「享楽の盗み」のようなかたちで欲動／情動を触発することを不可能にしてしまうだろう。あらゆる戦艦＝キャラクター＝「メンタルモデル」は、情動を触発する存在として「現働化」するかどうかは未確定の、「流動的で、混淆的で、移ろい易い」存在なのだ。しかし、気をつけねばならないのは、この様なキャラクター＝「霧の艦隊」とその「メンタルモデル」たちが全員、味方となってしまう可能性である。『アルペジオ』においては、人類の間での覇権争いやそれぞれの陣営は自身の正義を信じて疑わない――という描写があるが、その覇権争いは結局、「霧の艦隊」とその「メンタルモデル」を味方につけたものの勝ちなのだ。しかも群像が日本人という設定である以上、日本と「霧の艦隊」――アニメではそれはほぼ旧日本海軍の戦艦である――の連合が情動の触発を一つの方向へと誘導し、「享楽の盗み」を通じた「享楽」を組織化してしまう、つまり、日本にとって都合の良い領土化を果たしてしまう可能性は常に存在するだろう。

これに対し、『はいふり』においてはそもそも敵自体がネットワーク的存在である。そこでは、領土化はもはや問題となっていない。二〇一六年にテレビアニメシリーズが、そして二〇二〇年には劇場版アニメが公開された『はいふり』は、『艦これ』や『アルペジオ』と異なり、擬人化された戦艦＝キャラクターは登場しない。そこでは、戦艦――やはり旧日本海軍所属のものを中心とした――は海洋高校（「横須賀女子海洋学校」）に通う女子高校生を載せた練習艦、ということになっている。つまりそれは、女性のキャラクターたちを繋げると同時に、そしてそのキャラクターたちによって触発される情動を、「内＝作用――流通／分配」させるプラットフォームであるのだ。とはいえ、それはキャラクターではないとも言い切れない。なぜなら、物語の終局において主人公たちが乗船してきた練習艦が自らの役目を終えたと言わんばかりに沈み行く描写があり、そこでオーディエンスは情動を揺さぶられるからだ。物語は、この練習艦（教育艦とよばれる）＝プラットフォーム＝キャラクターである「晴風」――史実では実際には建造されなかった陽炎型駆逐艦――に乗船する女子生徒＝キャラクターたちが、反乱の嫌疑をかけられることから始まる。それは、自分たちに対して突然攻撃してきた教官の艦船にたいし、反撃をしたからであった。自分たちの嫌疑をはらそうと生徒たちは奮闘するが、遭遇する他の艦船からはさまざまなかたちで攻撃を受けてしまう。最終的に嫌疑を晴らすことにはなんとか成功するものの、違う練習艦である「武蔵」――史実では大和型戦艦の二番艦として知られる――が行方不明となったのち、他の艦船を攻撃し始めたことを知る。学校からの指示で「晴風」は「武蔵」の捜索を行うことになるが、その途上で事件の背後に「RATt ウィルス」

と呼ばれる新種のウィルスが関わっていることが判明する。実は、教官の艦船も「武蔵」も、すべて乗務員がウィルスに感染していた結果、異常行動が生じていたのであった。つまり、『はいふり』においては真の敵はウィルスであり、これは領土化することなくネットワーク性を利用する敵なのである。

このウィルスは、電磁波を発生することで感染した者たちの脳波に干渉し、全体として一つの意思をもつ群体を構成させるという力をもつとされている。ということは、ここではネットワークを利用したヴァイラルな情動感染が一つのテーマとなっていると考えられる。今日のネットワークメディアでは、人々が情動的に反応するような情報を提供することで、より多くの注意を惹きつけその行動を誘導するという、アテンション・エコノミーがプラットフォームを通じて作動している。アテンション・エコノミーでは、情報によって情動を触発させられた個人が、その情報を拡散しさらに情動を触発される個人を増やしていく、ということがプラットフォームを通じて行われる。つまり、そのような情報は、あたかもウィルスのように拡散していくのである。「RATtウィルス」は個々のキャラクターを一つの方向へと向かわせるが、それはキャラクターによって触発されるオタクの情動が、アテンション・エコノミーを通じて一つの方向へと誘導されるということの、ある種の隠喩として理解できるだろう。あらゆるキャラクターは潜在的にウィルスに感染しうるのであり、その意味で情動は常に一つの方向へと誘導されてしまう力にさらされている。これこそが、ネットワーク性を利用した力である。そして、「武蔵」はそういったウィルス的ネットワークを媒介し、アテンションを管理するプラットフォームなのだ。それに対し、「晴風」と岬明乃たちの戦略は、このようなウィルスによるネットワーク的力を出し抜くことである。ウィルスに感染していない他の戦艦のキャラクターたちと協力して自分たちもネットワークを形成し、ウィルス的なネットワークに対抗することを目論むのだ。それは、「晴風」という戦艦＝プラットフォームを、キャラクターによる情動の触発を対抗的な方向へと誘導し、アテンションを別のかたちで管理するプラットフォームとして機能させるということを、意味するといえよう。このように、ネットワークにおいて情動は常にさまざまな方向へと向かう可能性をもち、一つの方向へとは決して収斂され得ない。それは、常に「流動的で、混淆的で、移ろい易い」ものであり、一つの方向へと誘導する力に対しては、それに対抗する力が常に発生するのだ。それゆえ、『はいふり』が描く海のネットワーク性は、キャラクターの触発するオタクの情動がプラットフォームによってどのように誘導されるのかを問うのであり、そこでは「享楽の盗み」のような情動の囲い込みとは異なった、情動の政治が遂行されるのである。

5．おわりに

海を、コミュニケーションを繋ぐネットワークのようなものとして捉えつつ、「日本」と海との関係性を特別なものとしてみなすことで、情動が触発されること。そして、そのような「日本」へと向かう情動の触発自体が、海のネットワーク性によって担保されるという論理が作動していること。これらが、本章を通じて批判的に検討されてきたものであった。そして、同様の論理は今日においても作動し始めている。現代の「電子の海」のネットワークを通じて情動が触発されることで、再びかつてのようなナショナリズムが高揚し始めているのだ。そのような危機に抗するためには、「海」を主題にしたアニメにおける情動の政治が重要なヒントになるのではないかということが、『艦これ』『アルペジオ』『はいふり』を通して我々が得た一つの知見である。そこには、「日本」へと向かわない情動の触発と誘導の潜在性が存在すると思われるのだ。

(1) 欲望と欲動／情動の関係についてのより詳しい議論は、本書第二章を参照。

(2) 丸山が民族的共同体としての「日本」を前提とした上で、近代的国民的共同体の立ち上げの可能性を問題にしていたという批判については、酒井(二〇一五年)などを参照。また、丸山は超国家主義を日本における封建残滓によるものであると捉えていることはよく知られているが、本章ではそれとは逆に、近代化の延長上にあるものとして超国家主義的ナショナリズムを捉えている。とはいえ本章の分析は、近代化とファシズムの必然的関係性を主張する、いわゆる「総動員体制論」ともやや異なっている。なぜなら、総動員体制論はむしろ大文字の他者である国家からの呼びかけこそが総動員体制の本質である、と捉えているからである。日本近代における総動員体制論については、山之内（二〇一五年）などを参照。

（3）ここで、現代のコミュニケーションメディアを支えているネット空間は、しばしば海に喩えられることを思い起こしても良いだろう。

（4）ジジェクによればイデオロギーとは、象徴秩序によって構成される「現実」そのものであり、「初めは矛盾しているように見えた事実さえもが、そのイデオロギーを支持する議論として機能」（Žižek 1989＝二〇一五年、九八頁）するものであるという。

（5）念の為に言い添えておけば、ここでの「ヨーロッパ文化の危機」という認識は、「近代の超克」においても──例えば本章でも参照した西谷などはそれが顕著である──共有されていた、当時の日本の言説状況における一般的認識であった。もちろんそれが、第一次大戦以降における、ヨーロッパそのものにおける「西洋の没落」といった危機意識を反映したものであることは、言うまでもないだろう。それは西洋近代においてその中心性が確立されたはずの「人間一般の危機が機械によってもたらされることを知覚」することで、「理性一般へのペシミズム」（藤田一九九八年、一五〇頁）が生じたという状況であったのだった。

（6）梅原による言説への批判的分析については、川村（二〇二一年）を参照。

（7）日本語のネット空間におけるナショナリズムと情動の関係については、Kawamura and Iwabuchi (2022) を参照。

第六章　プラットフォームとオブジェクト指向存在論をめぐる試論

ポストヒューマン的メディアエコロジーと公共性

1．はじめに

インターネットというインフラストラクチャーを基盤にしたメディア・コミュニケーション空間において、「多様性」はますます促進されていくように見える。さまざまなプラットフォームは、人々のニーズに沿った情報を提供することで収益を上げるという構造を構築しているが、そこでの収益性はニーズの「多様性」に対応できればできるほど上昇することになる。いわゆるロングテールの問題だ。その結果、個々のプラットフォームごと、および個々人ごとに、「多様性」が拡大してきているといえよう。それぞれのプラットフォームは、どれだけ多様な情報のニーズに応えられるのかをめぐって、しのぎを削っている。そして、とりわけエコーチェンバーやフィルターバブルといった問題がしばしば指摘されるように、プラットフォームによって自身に最適化された情報のみを受け取る諸個人は、それぞれ自分の関心のみによって構築された「宇宙」に引きこもってしまいがちになる。つまり、プラットフォームによって人々の興味関心の「多様性」が促進される一方で、その「多様性」を享受している諸個人間のコミュニケーションを可能にするような共通世界的・公共的な基盤——アレント的な意味での「世界」[1]——は、ますます失われつつあるということだ。

また、このような「多様化」が進む一方で、メディア・コミュニケーションを利用する人々のアイデンティティ的な収斂は非常に強まっているように思われる。パーソナライズという言葉に象徴されるように、プラットフォームを通じた情報の最適化は、それを利用している個人を——その個人がプラットフォームを通じてどのようなコミュニケーションを行ったのかというデータの分析をもとに——特定の嗜好・思考・志向性をもつ存在へと彫琢しようとする。プラットフォームこそが「本当の私」を知っており、そちらへと「私」を導いてくれる、というわけだ。さらには、近年話題となってきているメタバースにおいては、「自己同一性」がその要件として挙げられている。[2] プラットフォームごとにさまざまに異なる「多様」なヴァーチャル空間が存在するからこそ、それらを繋ぐ——ある種のメタプラットフォーム的な？——ものとして注目されているメタバースだが、そこではただ一つのアイデンティティをもつアバターとして個人が振る舞うことを期待されている。もちろん、「多様」な世界を繋ぐとされるメタバースに相関するものとしてのアバターが、自己同一的なものとなるのは当然と言えば当然であろう。そして、このようなアイデンティティが物理的世界におけるアイデンティティとは異なるものとなりうる以上、それは収斂的なものではないという主張も成り立つかもしれない。つまり、同一の個人が物理的世界とヴァーチャルな世界とで、それぞれ異なった複数のアイデンティティを持ちうる、というように。しかし、そのような主張を踏まえた上でさらに問題としたいのは、単一であれ複数であれ、アイデンティティへと注目するだけでは、畢竟、その背後にある種の本質的な「メタ・アイデンティティ」を措定してしまうのではないか、ということである。言い換えれば、アイデンティティが多様であったとしても、それらは結局その背後にある「本当の私」によって、調和的もしくは無媒介に包摂され収斂させられるものとして、認識されてしまうのではないかということだ。その結果、これまで単一の存在とみなされていた個人が、実は多様性を内に孕むものとして理解されるようになるというよりは、むしろより「根源的」な単一的個人性が析出されてしまうという事態が、生じてしまうのではないだろうか——この意味では、メタバースはこういった「メタ・アイデンティティ」を透かし見るための領野となってしまうだろう——。そしてこれは、新自由主義的な資本主義において強力に求められる、変容的でありつつも自己責任的であるという主体性と強く響き合ってしまうのではないだろうか。常に流動的に、創造的に、自ら変容せよ。さもなくば、落伍者の責めを自ら負え、というわけだ。

以上のように、ネットワークメディアを通じたコミュニケーション空間では、「多様性」の促進と「自己同一」的な個人性への収斂という二つの傾向が、資本主義への追従というかたちで相補関係にあると考えられる。近年、プラットフォームの権力性が意識され始め、それへの対応として分散型のシステム――それこそメタバースや、あるいはWeb3など――の必要性が叫ばれているが、その分散性も個人性への収斂に支えられており、結局は――プラットフォーム資本主義に代わる?――資本主義そのもののアップデートを出来させるだけに終わる可能性が高いだろう。その一方で個人性への収斂は、公共性を見出す契機をますます困難なものとしていくと考えられる。プラットフォームによって導かれる「本当の私」にしろ、メタ・アイデンティティ的な自己同一性にせよ、それらは個人が生成する際に基盤となる偶発的な多様性を見過ごしてしまうことになる。言い換えれば、それらは存在論的な次元における多様性を捨象しており、しかしこういった多様性こそが、情動の触発を通じた公共性の形成の契機となりうるものなのだ。このような公共性は人間=個人にとってのみの公共性ではなく、人間=個人とそれ以外のモノ=個体の両方の存在にとっての公共性となるだろう。そして、このノンヒューマン/ポストヒューマンな公共性を通じてこそ、資本主義によって捕獲されない関係性を構想することが可能になるのではないだろうか。ここにおいてプラットフォームは、ただ単に批判されるだけでなく、そういった多様性を賦活する可能性をもつことはないのかということが、問われるべきであろう。ネットワークメディアがどのような未来を辿るにせよ、プラットフォームそれ自体が消失することを想定することが困難である以上、プラットフォームの可能性を考察することは重要な問題であると考えられるからだ。そこで本章では、まずプラットフォームの検討から始まり、次に存在論的な次元における多様性をめぐる議論として、オブジェクト指向存在論とそこから発展したエイリアン現象学について考察し、そして最後にノンヒューマン／ポストヒューマンな公共性の可能性をプラットフォームの可能性という観点から論じたい。

2．プラットフォーム

ニック・スルニチェク（スルネック）によると、プラットフォームの定義として三つの特徴が挙げられるという。まず一つ目の特徴は、「二つ以上のグループの相互作用を可能にするデジタル・インフラストラクチャーである」（Srnicek 2017＝二〇二二年、五四―五五頁）ということである。それは、例えば商品を売りたいユーザーと、商品を買いたいユーザーを繋げたり、特定の情報を供給したいユーザーと、その情報を欲しているユーザーとを繋げたりする、媒介者の役割を果たす。そして、二つ目の特徴は「ネットワーク効果」を生み出すことであり、それは「あるプラットフォームを利用するユーザーが多ければ多いほど、そのプラットフォームはほかの全員にとってより価値のあるものとなる」（同書、五七頁）といったものだ。このため、プラットフォームは「その性質上、独占へと向かう傾向をもつ」（同書）という。つまり、検索エンジンの Google に典型的にみられるように、より多くのユーザーが検索エンジンを利用すればするほど、そのアルゴリズムは優秀なものとなり、その結果さらに多くのユーザーがその検索エンジンを使うようになる、というのである。そして、三つ目の特徴は、プラットフォームは「さまざまなユーザーにとって魅力的であるようにデザインされて」おり、「しばしばそれは関わる人々に対して何もない空間のように見えるが、実際はある政治的立場[3]を体現している」（同書、五九頁）というものである。それはつまり、「プラットフォームはより多くのデータへのアクセスを得るだけでなく、ゲームの規則に対する支配とその制御を手にして」（同書）いるということだ。プラットフォームは、それを利用するユーザーがどのような情報を求めていたのかということを分析し、そこからさらに将来的にどのような情報を求めるのかを予測することで、ユーザーを特定のやり方で管理することを正当化する。Uber が「どこでドライバーの需要が生まれるかを予測し、実際の需要に先立ってそれに見合う料金を設定し」（同書）ているように、どのような情報が、どのような場所や時間において、どういった価値として求められるのか、ということをプラットフォームは判断し提案してくる。それによって、その判断にユーザーたち――この場合はドライバーと乗客という二つの集団――は率先して従うように導かれるのと同時に、そのプラットフォームを利用する上での規約に進んで合意するよう求められるのである。以上のように、プラットフォームとは「異なるユーザー集団のあいだを媒介するインフラを提供すること、ネットワーク効果に突き動かされた独占傾向を示すこと、異なるユーザー集団を引き込むため相互補助を利用すること、そして交流可能性を支配するよう企図された核となる構造を持つことにとって特徴づけられる」（同書、六〇頁）という。しかし、以上のような特徴をなぜプラットフォームは保持しているのであろうか。そもそもプラットフォームとは、一体どういったものを指す概念なのであろうか。

この問題に関して、技術哲学者・美学者のベンジャミン・ブラットンは、プラットフォームとは何かということについて、語源的な観点から考察を試みている。ブラットン（Bratton 2015, p. 43）によれば、プラットフォームとは語源的に「行動の計画、スキーム、設計《デザイン》」（"plan of action, scheme, design"）を意味し、もともとは中世フランス語で「台地や、あるいは盛り上がった土地の表面」を指す *platte fourme* という言葉に由来しているという。そして、この言葉はプロット（plot）という言葉——これはもともと土地の一区画（a plot of land）を含意していた——と結びつくようになり、新たな意味を形成するようになっていった。我々が今日一般的な意味で使っている「プロット」に近いものを作動させる場として、プラットフォームの意味は変化していったのである。「舞台のプラットフォーム《壇上》にプロットが置かれると、それは登場人物たちを物語の展開として既定の結末へと向かわせる、より抽象的な構造となるのであり、その登場人物たちは、本当は自分たちの決定ではない選択によって苦しめられる」（Ibid.）ものとなっていった。つまり、何らかの行動が行われるようにあらかじめプロットが作られ、それに基づいて指示がなされる舞台という意味を持つものとして、プラットフォームが捉えられるようになっていったというわけだ。それに加え、十九世紀の初頭までには、プラットフォームという言葉はよりはっきりと政治的な意味を持つようにもなっていった。それは、今日でも英語のプラットフォームという言葉がもつ一般的な意味であるところの、「政党政策の綱領」といったものを指すようになっていったのである。以上のような、プラットフォームという言葉の意味の展開——「行動の計画」、「プロットのための舞台」、そして「ガヴァナンスのために提案された諸ルール」(Ibid.)——があり、その結果としてプラットフォームは三つの含意——「指示の集合」、「行動が計画に沿って展開されるために設置された場所」、そして「政治的構造《アーキテクチュア》のためのフレームワーク」(Ibid.)——を持つようになったという。これらの含意は、今日のネットワークメディアにおけるプラットフォームの本質——プラットフォーム性——を考察する上で、重要な示唆を与えてくれるだろう。しかし、このことを理解するためには、ブラットンが主張するように、「プログラム」という言葉にも注目する必要性がある。

　プログラムは、語源的にはもともと「公的な布告／命令」という意味があり、近代初期までには「計画あるいはスキーム」、「引き起こされるであろう出来事の一覧」、「政治をめぐって提案された着想の一覧」、「アーキテクチュア的空間を占有する人々を組織化するための方法」(Ibid.)などの意味を持つようになっていったという。そして第二次大戦後、新たにコンピューター用語として、「プログラミングする」ということが「ソフトウェアを書く」ということを意味するようになったのであった。以上のように、プログラムという言葉の意味が展開していった結果、「アーキテクチュア、コンピューターの使用、そして政治にとって、「プログラム」は設計《デザイン》の問題として、そして制御《ガヴァーニング》の技術として、中心的な重要性を持つ」(Ibid.)ようになったとブラットンは主張する。言い換えれば、このことは、今日のネットワークメディアにおけるプラットフォームにとって、プログラムが「中心的な重要性を持つ」ようになっている、ということを意味している。なぜなら、「プラットフォームの一つの本質的な論理は、プログラムのアーキテクチュア的、コンピューターの使用的、そして政治的な含意の、一つのものへの再収斂である」(Ibid., p. 44) からだ。ネットワークメディアを支える情報テクノロジーにおいて、アーキテクチュアとはシステム全体を制御する構造あるいは設計《デザイン》の理念を指し、コンピューターを使用する際の可能性と限界はこのアーキテクチュアによって規定される。この際、プログラムはより中心的な役割を果たす。アーキテクチュアの構想は、どういったプログラムを実行するのかという、プログラムの構造の設計《デザイン》ということに常に規定されるし、そしてこのプログラムに沿ってコンピューター上の処理は実行されるからだ。プラットフォームとは、このような形でプログラムが設計《デザイン》され、実行される舞台のことなのだ。このプログラムは、同時に特定の政治的立場や構造を体現するようにも設計《デザイン》されている。プログラムは、その実行にあたってアーキテクチュアが課してくる「基準／標準」(standard) と、プログラムによって処理される制御に従うよう、そのユーザーに求めてくるのである。このように、ネットワークメディアにおけるプラットフォームにおいては、アーキテクチュアというレベル、コンピューターの使用というレベル、そして政治というレベルがそれぞれお互いに連続しあう形でプログラムが実行されるのだ。そして、プラットフォームを通じたプログラムの実行とは、これら三つのレベルがどのように連続的に作用するのかということについての設計《デザイン》において、あらかじめ企図された「プロット」に従うということを意味するのである。ここにおいて、プラットフォームの持つ三つの含意――「指示の集合」、「行動が計画に沿って展開されるために設置された場所」、そして「政治的構造《アーキテクチュア》のためのフレームワーク」――が、ネットワークメディアにおけるプラットフォームを考察する上で示唆的であることが理解できよう。プラットフォームは、プログラムという「指示の集合」が設計され実行されるために「設置された場所」であり、そこには特定の「政治的構造」のフレームワークが常に体現されているのである。

ブラットン自身は、プラットフォームの定義として「標準規格に基づいた技術的・経済的なシステムであり、それは、遠隔的な調整を通じたインターフェースの分散と、同様の調整を通じた統合制御の集中化を、同時に実現するものである」(Ibid., p. 42) というものを挙げている。ここには、プラットフォームに孕まれる「パラドキシカルな傾向」(Ibid., p. 46) が表現されている。それは、「プラットフォームは多くのアクターたちを一つの共通のインフラストラクチャーへと引き込みながら、中心化と脱中心化を同時に行なっている」(Ibid.) というものだ。この理由は、アーキテクチュアによって規定されている「基準/標準」が、「生成性」(generativity) を促進するからである。プラットフォームを通じてプログラムを実行するには、アーキテクチュアによって規定されている「基準/標準」あるいは「プロトコル」に従う必要があり、その意味では中心化は常に達成されている。しかし、その一方で「基準/標準」に従うことができさえすれば、あらゆるアクターがプラットフォームの中へと引き込まれることとなり、「インターフェースの分散」がなされることになる。その結果として、予期していなかった関係性や集合が生成するという、脱中心化が達成されることになるのである。プラットフォームは「そのネットワークの先端に、いろいろな型の自律性を配分するし、しかしその一方でそれらの間のコミュニケーションの条件の標準化も行う」(Ibid.) のだ。スルニチェクもまた、プラットフォームにおける「定められた規則の核となる構造は、生成的でもあり、予期せぬ仕方で人々がそれらを利用することを可能にする」(Srnicek 2017 = 二〇二二年、五九頁) と述べている。「プラットフォームは生成的なメカニズム = エンジンであり、固定されたプロトコルに従って参加条件を設定するものではある。[だが] それらは、計画されていなかったか、あるいは、おそらくはそもそも計画できないような、さまざまな相互作用を媒介することによって、規模と強さを獲得する」(Bratton 2015, p. 44) のであり、プラットフォームにはその開放性にまつわる、生成的な不確実性が常に孕まれているのである。そして、ここにこそプラットフォームの可能性――脱中心化を促進し、予期せぬ関係性や集団を生成させること――が存在すると言えるだろう。

プラットフォームの可能性が、基準化/標準化に沿ってさえいればあらゆるアクターの参加を許容するといった開放性にあるのだとすれば、それはアクターに潜在する多様性の潜勢力を解放するものだからだと考えられよう。言い換えれば、相互作用に基づくアクター同士の多様な関係性の編成が、アクターに潜在する多様性を原働化させ、その多様性を経験した際に生じる驚きと情動が、新たな存在と関係性を生成、創発させるのである。このような生成と創発は、プラットフォームを通じて可能になるが、プラットフォームによって予期された形で制御されることはできない、過剰なものなのだ。このような、アクターの持つ過剰な多様性を検討するためにここで参照するのが、オブジェクト指向存在論以降の存在論である。

3. オブジェクト指向存在論と相関主義批判

オブジェクト指向存在論（Object Oriented Ontology／OOO）は、グレアム・ハーマンによって提唱された、人間を中心に据えたこれまでの哲学に代わる、モノ＝対象（object）を存在の中心に据えようとする哲学である。このようなオブジェクト指向存在論の方向性は、一つの強力な哲学的立場から支えられている。それが、思弁的実在論（Speculative Realism）による相関主義批判である。

この立場の提唱者であるカンタン・メイヤスーによれば、思弁的とは「絶対的な思考にアクセスすることができると主張するあらゆる思考」（Meillassoux 2006＝二〇一六年、六三頁）のことであるという。このような思弁の提起は、相関主義が「人間にとっては」（同書、三〇頁）という限定条件を付与する限りにおいて理性の働きを保証するものであり、人間が存在しない状況（人類史以前の地球）、あるいは人間の認識能力を超えると想定されるもの（神の存在）に関しては、その権能が失効してしまい、かえって非合理的な思考の可能性を許容してしまうことへの批判として捉えられる。相関主義は世界を合理的に理解することを、「人間にとっての」あくまでも「相対的」なものであることを是認してしまうのであり、この世界そのものをありのままに「絶対的」に捉えることは不可能であるとしてしまう。それに対し思弁的思考は、人間がこの世界をそのままに絶対的に捉えているということを担保するものであると、メイヤスーは主張する。そしてそれは、相関主義が認識の限界であると捉えていたものを、存在の条件であると理解することによって可能であるという。メイヤスーは次のようにいう。

事実性こそ絶対者の知であると明らかになるだろう、なぜなら、私たちは最終的に、思考の不可能性であるとこれまで誤って捉えていたことを、事物のなかに位置づけ直すことになるからだ。言い換えるなら、あらゆるものに内在する〈理由の不在〉を、究極の理由を求める思考が逢着せざるを得ない（思考の）限界と考えるのはやめて〔……〕存在者の究極の特性である、そうであるしかないのだと理解せねばならない
（同書、九三—九四頁）

世界がどうしてこのように存在すると理解されるのか、それは相関主義においては、人間がそ

のように認識しているからだ、ということであった。それではなぜ人間にそのような世界が与えられているのかと問われれば、その理由を明らかにすることは困難である。なぜなら、この問題は人間の合理的な認識能力を超えて、「モノ自体」の世界に立ち入ってしまう事柄であるため、相関主義を徹底した立場においてそれを論じることは不可能になるからだ。それに対しメイヤスーは、この世界がこのように与えられているのは、「事実」としてそうであるからであり、それ以上の何らかの理由があると考えるべきではない、と主張する。つまり、相関主義においては人間の認識能力の限界に帰せられていた、世界が存在する理由は明らかにし得ないという問題は、思弁的立場から見れば、人間が「モノ自体」の世界に立ち入ることができないからではなく、そもそもそんな理由は（存在するという）「事実」を超えては根本的に存在しないということこそが、絶対的な真理であるからこそ明らかにし得ないのだ、というのである。言い換えれば、世界が存在することの理由の不在を、相関主義は誤って人間の認識能力の限界に、すなわち人間の有限性に帰してしまっていたと考えるべきだ、というわけなのだ。

メイヤスーによる思弁的実在論は、「モノ自体」の世界、すなわち理性によっては「不可知な即自の切り落とし」（Harman 2011＝二〇一七年、二一五頁）を行うことで、真に実在するものを「事実性」という絶対的な原理のもと構想しようとする営みであった。それに対し、同じ「相関主義批判」に与しながら、むしろ「モノ自体」の側から真に実在するものを明らかにしようというのが、ハーマンによるオブジェクト指向存在論なのである。ハーマンによれば、オブジェクト指向存在論とは、人間（およびあらゆる存在者）の理性や認識によっては決して汲み尽くすことのできない「モノ」あるいは「対象」こそが、最も基盤的な「実在」であるとみなす哲学のことであるという。

ハーマンが自ら述べるところによれば（同書、九九—一〇九頁）、ここで提案されている対象の存在論は「奇妙」なものであるという。なぜなら対象は、世界から常に「退隠」（withdraw）しているとされるからだ。対象は「感覚的性質」（sensual quality）を通して、「感覚的対象」（sensual object）としてこの世界に現れる。そして、認識し経験する側のさまざまな条件によって異なった現れ方をする「感覚的性質」の背後で、その「感覚的性質」を規定している本質的な性質としての「実在的性質」（real quality）が存在している。さらには、以上のように世界においてその存在が現れる基盤として、「実在的対象」（real object）が存在するが、この「実在的対象」はそれ以外の性質や対象に還元されることは決してない。ハーマンは次のようにいう。

この宇宙には無限の対象があるかもしれないが、それらはたった二つの種類に分けられる。すなわち、あらゆる経験から退隠する実在的対象と、経験のうちにしか存在しない感覚的対象である。これらとともに、私たちは二種類の性質をも手にしている。すなわち、経験において見出される感覚的性質と、フッサールが感性的直感ではなく知性によってアクセ

ス可能なものだとした実在的性質である

（同書、八〇―八一頁）

この理論が「奇妙」なのは、「実在的対象」は「感覚的性質」や「感覚的対象」、そして「実在的性質」が現前する基盤であるにもかかわらず、これらの経験や認識を通して触れることのできる性質や対象を通してのみ、間接的にだけアクセスすることができると主張する点にある。つまり、「実在的対象」である「対象」＝「モノ」それ自体は、決して他の存在と関係を持つことができず、その存在をほのめかしつつも世界から常に退隠しているというのである。例えば、炎と綿の関係に関していえば、「綿の存在は、それが焼き尽くされ、破壊される場合でも、炎から退隠している。綿＝存在は、現象学者や織物工のみならず、それと接するどんな存在者からも隠されている」（同書、七四頁）のだという。炎は綿に対して、その存在を破壊するまで焼き尽くすかもしれないが、しかし、その場合でも炎は綿に対してその「感覚的対象」を媒介に「代替」的（vicarious）に関係しているのであって、綿それ自体である「実在的対象」には決して触れていないというのが、ハーマンの主張なのである。

ハーマンは、なぜこのような対象＝モノの実在論＝形而上学を提案するのか。それは、哲学において対象がこれまでどのように扱われてきたのかということへの、強い批判意識に由来する。ハーマンによれば、これまで対象を取り扱う哲学的な方法としては、二つのやり方があったという。それは、「解体」(undermine)と「埋却」(overmine)である。解体とは、世界を構成する根本的な要素を措定することで、対象をその要素の集まりあるいは縮減であるとして、対象の実在性を否定するようなやり方のことである。このような解体においては、アトムやクォークといったものから、シモンドンによる「前個体的なもの」やマヌエル・デランダによる「潜在性の平面」まで(同書、二〇頁)が、対象以前にある根本的な要素として措定されることになる。一方、埋却とは解体の反対に対象を「上へと還元してしまう」(同書、二三頁)やり方のことであり、これこそが相関主義の方法である。それは、例えば対象の本質を経験における性質の束に過ぎないものと措定することで、その対象の実在を経験へと還元してしまう。あるいは、対象は他の対象との関係性において現れた状況においてのみ、その存在が担保されると考えることによって、対象の実在性を関係性へと還元してしまうやり方なのであるという。以上のようなやり方に対し、ハーマンはどのような要素にも「解体」されないし、あるいは関係性や経験にも「埋却」されないような、対象それ自体の固有性(あるいは特異性)を求めていると主張する。このような主張からは、スティーヴン・シャヴィロが指摘するように、「ハーマンはモノのモノ性に、つまりモノの個体性、唯一性、それ性 *thereness* などについて」(Shaviro 2014＝二〇一六年、四九頁)焦点を当て、それを存在の基盤としているのだと考えていると理解することができるであろう。

以上のように、思弁的実在論的な相関主義批判と、オブジェクト指向存在論的な「モノ」中心主義には、哲学においてこれまで特権的な地位に置かれていた人間の存在を、脱中心化するという明らかな目論見を見てとることができる。そして、ここには、新たな倫理的あるいは政治的な理論が開かれる可能性があると考えられるだろう。なぜなら、リーヴァイ・ブライアントたちが指摘するように、「大陸哲学の内部において、「政治は存在論であり、存在論は政治である」ということがほとんどドグマ的な問題となっている」(Bryant et al. 2011, p. 16) 事情があるからだ。「存在論」のハイデガー的含意を鑑みれば、既存の存在論＝政治理論は本質的に人間中心主義であり、この世界の政治・社会的関係や権力関係は全て人間の主観が作り出したもの、という認識に基づいている。それに対し、オブジェクト指向存在論には、このような既存のものとは異なる理論を構想する可能性が内包されている。それは、人間とそれ以外の存在とが「同じ存在論的地位が認められている」(Bogost 2012, p. 12) ような関係性――これをブライアントは（デランダに因んで！）「フラットな存在論」(flat ontology) と呼んでいる――を構想しうるような理論である。これは、より多様な存在のあり方が認められるような新しい存在論であり、ここから、この新しい存在論に基づいた政治理論が開かれる可能性が見出しうるだろう。これこそが、我々がプラットフォームを通じて経験する多様性なのである。

しかし、一方でオブジェクト指向存在論にも問題があるように思われる。ハーマンは「モノ」の還元不可能性あるいは特異性を強調するあまり、それがあたかも超越的な実体であるかのような印象を与えてしまっている。そこからは一種のアトミズムが――ハーマン自身による批判にもかかわらず——展開されているのではないかという疑念を抱かせると同時に、退隠し孤立した「モノ＝オブジェクト」の間の関係性や因果性は、結局「主体＝サブジェクト」による主観性のみが担保しているという、極めて強い主観主義《サブジェクティヴィズム》＝観念論——要するに批判の対象であったはずの相関主義——を回帰させてしまう危険を冒す可能性があるのではないだろうか。[4]また、「関係主義的」として既存のあらゆる議論——ブリュノ・ラトゥールによるアクターネットワーク理論だけは例外的だが[5]——を批判しているため、本来であれば共闘あるいは接続可能な議論すらも、切って捨ててしまっているように思われる。とりわけ、権力や政治をめぐる新しい批判的な理論を検討するにあたっては、こういった「関係主義的」な議論を切り捨てることは、それだけで致命的なものとなってしまうだろう。そこで、オブジェクト指向存在論の理論的可能性を引き受けつつ、こういった問題を克服する議論として、イアン・ボゴストとブライアントによる「エイリアン現象学」(Alien Phenomenology)を検討してみたい。

4．エイリアン現象学

「モノ」から「ユニット」へ、そして「機械」へ

エイリアン現象学とは、その提唱者であるイアン・ボゴストによれば、「モノのブラックノイズを増幅させ、その内部にある物体の共鳴周波数を、信頼に足る十分なやり方でうならせる」(Bogost 2012, p. 34)哲学的実践であるという。ここで言われている「ブラックノイズ」と

は、周縁に追いやられているモノの背後から発せられるノイズを指す言葉として、ハーマンによって提起されたものだ。「それは、人間の精神によって形作られることを要求する、金切り声を上げ混沌としている属性が発するホワイトノイズではなく、むしろ、私たちの知覚の端に漂っている、微かにしか聞こえないモノが発するブラックノイズなのだ」(Ibid., pp. 32-33)。つまり、それは我々の通常の態度——人間中心主義的な、あるいは生物中心主義的な態度——によってはコミュニケーション不可能であるとみなされているモノを、そのモノの側に立って理解せんとする実践である。これが「エイリアン」的なのは、我々は通常エイリアン＝地球外的存在者の可能性を考える際に、人間あるいは生命体に似た何らかのコミュニケーション技術を持つ存在として想定しがちだが、実際にはそういった想定が全く当てはまらないほど「エイリアン」的である可能性があり、そしてこういった「エイリアン」なものこそは我々を常に取り囲んでいる「モノ」に他ならないからだ。つまり、「エイリアン」に向き合うとは、我々の人間—生命中心主義的な想定を覆す存在に向き合うということなのである。そして、「現象学」的なのは、現象学には「エポケー」という哲学的実践が必然的に伴うからだ。「事象そのものへ」と向かう現象学的還元のためには、常識的・自然的前提にもとづいた世界描写を一旦括弧に入れる必要がある、とフッサールは考え、そのような実践を判断停止＝エポケーと呼んだ。現代の現象学者であるダン・ザハヴィによれば、エポケーとは「実在へと向かう態度の変更を伴うものであり、実在の排除ではない」(Ibid., p. 32) という。それに対して、ボゴストにとっては、人間―生命中心主義こそは我々の常識的・自然的な態度であり、このことを一旦括弧に括ることこそが「エポケー」に他ならない。したがって、「エポケー」を通じて「エイリアン」そのものへと向かうこと、これこそがエイリアン現象学なのである。

エイリアン現象学的な立場からは、「人間の認識は［多様な］モノたちが関係し合うだろうさまざまなやり方のうちの一つにすぎないということになる」(Ibid., p. 9)。人間の認識はそれ自体が関係を結ぶことであると同時に、さまざまな関係性を認識することでもあるが、さまざまなモノ同士の関係は認識的なものには限られないし、また人間の認識が認識しうる関係性はそもそも限られている。だからこそ、エイリアン現象学が目指す「フラットな存在論」は、「存在は多様であると同時に単一である」(Ibid., p. 19) ということをその原理としている。つまり、あらゆるモノの存在は――人間の認識では把握しきれない――さまざまな多様な関係性に開かれ、その意味で多様なあり方をする一方で、それはどのような関係性や要素にも還元できない単一性、あるいは特異性をもっている、というのである。ボゴストによれば、ラトゥールによる「モノを関係性のネットワークの内に置く」というアプローチは、このような存在のあり方を特徴づけるものとして評価できるものの、十分ではないという。その理由は、一つは関係性による相互作用について、モノの外部に焦点が当てられすぎており、モノの内部における相互作用が十分に検討されていないこと。そして、もう一つはネットワークが規範的で秩序的な構造に過ぎず、モノの相互作用のわい雑な複雑性を捉えきれていないこと、であるという。

そして、このような「モノ」の「ネットワーク」に代わるものとしてボゴストが提案するのが、「作動」する「ユニット」もしくは「ユニットの作動」(unit operation)という概念に基づくアプローチである。

ボゴストは、そもそも「モノ／オブジェクト」(thing/object)という言葉にはいくつかの問題があると指摘する。例えば、「オブジェクト」や「オブジェクト指向」という言葉は、コンピュータープログラミングの特定のパラダイムと強く結びついている言葉であるため、特にボゴスト自身の専門分野であるデジタルメディア研究やビデオゲーム研究の文脈に応用しようとすると、混乱を生じさせやすいということがあげられる。また、「オブジェクト」という言葉は、それと同時に「サブジェクト」との連関を想起させてしまい、相関主義的な発想が紛れ込んでしまう。さらには、「オブジェクト」という言葉には物理的物体という含意が出てしまうが、ハーマンやボゴストたちの目論見はそもそも物理的実体をもたない対象——抽象的概念や想像上の生物など——すら平等に扱おうとするものである。これらに加えて、「モノ」や「オブジェクト」という言葉は哲学的にはあまりに負荷のかかっている言葉でもある。それは、カントによる「もの自体」(things-in-itself/*Das Ding an Sich*)や、ハイデガーによる「物」(*Das Ding*)、さらにはラカンによる「対象a」(*objet a*)など、すでによく知られたかたちで論じられてきてしまっているというわけだ。

以上のように、いくつかの問題を「モノ」や「オブジェクト」という言葉は孕んでしまっているが、それに代わるものとしてボゴストが提案するのが、「ユニット」という概念なのだ。ボゴストによれば、「ユニット」という言葉は、「分離され、単一で、そして固有であり、単に全体あるいは存在論的な基盤の一部分でも、アトムのような分割不可能なものでもない」(Ibid., p. 25) ものを指すことができる。それと同時に、システム理論や複雑性理論、あるいはサイバネティックスのように、「一つのシステムにおける相互に関係し合う諸部分の自律的な活動の創発的効果という現象を説明するため」(Ibid.) に、見出された言葉でもある。このように、「ユニット」は一つの「システム」として理解可能であり、そこには直感的には矛盾するような、同時に三つの特徴があるという。それは、ユニットは「固有で唯一」であり、「システム——一つの全体的宇宙としての価値があるもの——を内包」し、そして「張り合う形で、他のシステム——しばしば他の多くの諸システム——の一部となる」(Ibid.) といったものだ。

そして、このようなユニットによる振る舞いや相互作用のことを、ボゴストは「作動」(operation) と名づけるのである。「作動」は、「一つあるいはそれ以上のインプットを受け取り、そしてそれに対して変換を遂行する、基本的なプロセス」のことであり、「あらゆる種類の働きは作動として理解できる」(Ibid.) ものであるという。これを踏まえた上で、ユニットはどのように作動するのかということについて、ボゴストは次のように主張する。

さまざまなモノたち［＝ユニットたち］は、常にそれ自身の中で機械化されながら、相互に噛み合い、属性や状態に作用したり反応したりしながら、まだ何かを秘密にしている。

(Ibid., p. 27)

このようなユニットの作動の具体例として、ボゴストはコンテナ船を挙げる(Ibid., p. 22)。コンテナ船は一つのユニットであると同時に、その内部にさまざまなユニットを内包している。例えば、船倉、輸送コンテナ、油圧ポンプ、バラスト水、緊締装置、固定用ロッド、乗船員、乗船員たちのセーター、セーターが編まれている糸、などだ。コンテナ船はこれらユニットによって構成されている一つないしは複数のシステムを作動させていると同時に、これらのユニットもまたその内部に同様にシステムを作動させている。乗船員というユニットには、セーターの他にも、ヘルメット、ズボン、手袋、靴、などといったユニットが内包され、そしてそれらのユニットはまた……という具合だ。コンテナ船は「それが含むそれぞれのモノをその内部に退隠させる境界線を打ち立てるが、それ[=コンテナ船]を構成するこれらの個々のユニットも同じことを同様に、同時に、そして存在の同期的な根本的レベルにおいて、する」(Ibid., p. 22)のである。この意味で、ここには「フラクタル」(Ibid.)な関係性が存在しているのだ。また、ユニットは他のユニットの内部の関係性において規定されているが、それはユニットの本質を規定するものではない。コンテナ船は、海上輸送の物流ネットワークというユニットの内部に包摂されている限りにおいてコンテナ船であるが、それ以外のユニットの内部では他の存在として規定されるだろう。乗船員もまた、コンテナ船というユニットの内部にある限りで乗船員であるにすぎず、それ以外のユニットの内部では異なる存在——例えば通勤時の列車の中では乗客——として規定されるだろう。このように、無数の関係性において——しかもそれらはしばしば互いに矛盾し、競合し合う——規定されつつも、その本質は規定され得ない——ハーマン的な言い方をすれば退隠している——単一の特異な存在であるのが、ユニットなのだ。[6]ボゴストは次のように主張する。

ユニットは、他のユニットの中に閉じ込められた孤立した存在であり、互いに居心地悪く肩を寄せ合っており、決して重なり合うことがない。ユニットはアトムなどでは決してなく、一つの集合であり、他の諸ユニットをグループ化させ、それらを一つのシステムとして一緒に機能させる。ユニットの作動は常にフラクタルである。

(Ibid., p. 28)

いうまでもないだろうが、このようなフラクタル性は、内部に包摂されているユニットから、内部に包摂しているユニットへの関係性においては逆向きに発揮される。例えば、メディア文化というユニットは、能動的なオーディエンスというユニットからの関係性と、テレビ局員というユニットからの関係性とでは、当然異なるだろう。そして、どちらのユニットからの関係性も、メディア文化というユニットの本質を規定するものではないと同時に、この二つのユニットはお互いに競合しあうのである。

リーヴァイ・ブライアントは、このボゴストによる「ユニット」という概念と同じ方向性で議論をさらに発展させ、「機械」(machine) という概念を提示する。そして、オブジェクト指向存在論に代わるものとして、「機械指向存在論」(Machine-Oriented Ontology/MOO) という概念を提案し、それこそがエイリアン現象学が目指すべき存在論であるとするのである。ブライアントが「機械」という言葉を採用するのは、それによって「独立した機構として作動する諸存在へと我々の注意を引くことで、「オブジェクト」という言葉のもつ人間中心主義的な連想から逃れ、それによって「オブジェクト」を、主観《サブジェクト》によって見なされるあるいは意図されるものとして、フォーカスすること避ける」(Bryant 2014, p. 18) ためであるという。つまり、ここでも人間的主観との関係性と、「作動」が問題となっているのである。ブライアントは次のように主張する。

オブジェクトを機械として構想することとは、全く異なったやり方で、諸存在について考えることへと我々を導く。機械と対峙することで、我々は第一に、その属性や質についてではなく、むしろその作動について思考することになる。〔……〕「ボゴストによる定義に対して」私が付け加えるのは、インプットに対する変換の遂行において、機械はアウトプットを生産するということである。作動を通して変換されたインプットは、機械の外側か内側かのどちらかに由来しうる。〔……〕機械とは、インプットに対して変換を遂行し、それによってアウトプットを生産する、システムの作動なのだ。

(Ibid., p. 38)

ブライアントは、ボゴストと同じく作動するシステムとして機械を理解する一方で、それは生産するものであることを強調する。「機械は表現的でもなく、表象的でもなく、むしろ生産的である」(Ibid., p. 39) のだ。例えば、科学論文という機械は、読者というインプットを変換することで、科学的な観察への参与や、そのための道具の開発というアウトプットを生産する。あるいは、カエルという機械は、空気というインプットを変換し、仲間を呼ぶための鳴き声を生産する。興味深いことに、ブライアントはドゥルーズとガタリ——彼らはむしろメイヤスーとハーマンにとっては主要な論敵であった——による「無意識は抑圧された欲望の表象ではなく、欲望そのものの生産である」という『アンチ・オイディプス』での議論を参照しつつ次のように述べる。「ドゥルーズとガタリが無意識についてここで述べていることは、全ての機械にとっての真実である〔……〕全ての機械はその作動を通じてアウトプットを生産する工場なのだ」(Ibid., p. 40)。言い換えれば、「世界はあらゆる場所で、そこでは無限に多様な形をもつ生産が生じているさまざまな工場によって、構成されている」(Ibid., p. 39) のである。

ブライアントによれば、このような作動は常に潜在的（virtual）なものであり、その現働化こそが生産であるという。つまり、一つの機械には作動と生産という二つの次元があり、それらを「潜在的な固有の存在」（virtual proper being）と「局所的な顕現」（local manifestation）とブライアントは呼ぶ。これらの言葉は、機械の作動による生産は、常に何らかの「局所的」条件においてインプットが行われることで、アウトプットとして「顕現」されているのであり、仮に機械によって生産が行われていなくても、その機械は生産を行うような作動する能力を、常に自ら「固有」のものとして「潜在的」に保持している、ということを意味している。あらゆる機械は、このように潜在的な作動のシステムを保持しているのであり、このような潜在的な作動のシステムをブライアントは「権力」（power）と呼んでいる。さらに、「権力」は潜在的である以上、「それがいかなる時であれ特定の時点にたまたま生産した顕現よりも、常により多くの顕現を生産することができる」（Ibid., p. 41）。つまり、生産が全く顕現しない時であれ、生産がさまざまに顕現した時であれ、機械のもつ「権力」は喪われたわけでも、汲み尽くされたわけでもなく、常に潜在的なままであるということだ。ハーマン的な言い方をすれば、「権力」は常に「退隠」しているのだといえよう。このように、ブライアントは「権力」を、機械がその権力を行使するか否かに関わらず保持している能力として理解し、そして「作動」を、「顕現」の生産における「権力」の行使として理解するのである。その上で、ブライアントは「機械は構造的には開放的だが、作動的には閉鎖的である」（Ibid., p. 54）と主張する。なぜなら、機械は顕現の生産のためのシステムを作動させられる限りにおいて、インプットを受け付け、アウトプットへと変換することができるからである。言い換えれば、外部からのインプットを受け付けるという構造をもつという意味においては、開放的であるが、それをどのように変換し顕現を生産するのか、あるいはそもそも変換できるのかという作動自体は、システムの内部において閉じられている、ということなのだ。

このようなシステムの作動を権力としてみなす見方は、機械の個体性をどのように見出すのかという議論へと繋がっていく。ブライアントによれば、あらゆる機械は「それ自体において一つのユニットあるいは個別的存在体であると同時に、他の諸機械の複合体もしくは集合体である」（Ibid., p. 75）という。つまり、機械とはその内部においてさまざまな機械が関係し合うことで、一つのシステムとして作動する集合体でありかつ個体である、というのである。例えば、人間の体は一つの機械であり、それを構成するさまざまな器官もまたそれぞれ機械である。そして、それぞれの器官もまた、細胞などのさまざまな機械によって構成されている。「あらゆる機械はそれ自体でユニットもしくは自律的な存在であり、かつその部分を構成している諸機械間の関係性の複合体である」（Ibid.）のだ。とはいえ、機械間の関係性には内的なものと外的なものがある。例えば、テレビはさまざまな機械、すなわち液晶パネルやチューナーなどの回路基板、スピーカー、電源ケーブル、筐体、などによって構成されている。それと同時に、さまざまな機械、すなわち電源コンセント、アンテナ線、ブルーレイプレイヤー、外部記憶装置などに繋がれている。しかし、後者のような諸機械に繋がれていなくても、テレビは諸関係の集合体、あるいは諸機械の複合体として存立しうる。つまり、テレビは後者の関係性から切り離されても、テレビとしての潜在的な権力を保持しうるのだ。それに対して、前者の関係性が切断されてしまうと、テレビはもはやテレビたり得ない。その潜在的な権力を喪失してしまうのだ。「テレビは、それが電源コンセントに繋がれているかどうかに関わらず、イメージや音を生産する、つまり作動するための、権力を保持している」(Ibid., p. 76) のである。このように、機械の個体性を規定するのは、それが潜在的な権力を保持しうるか否かであり、そしてこの潜在的な権力にとって、前者の関係性は内的なものであるのに対して、後者は外的なものである。このような内的な関係性と外的な関係性を、ブライアントはそれぞれ内―関係 (endo-relations) と外―関係 (exo-relations) と呼ぶ。そして、このような議論を踏まえた上で、ブライアントは次のように主張する。

このような仮説をもとにしつつ、私は以下のように結論づけることができるだろう。すなわち、諸機械の連結から、その連結されている諸機械には見出されないような、新しい権力が創発するのであれば、我々は新たに明確な機械の出現に立ち会っているのだ。別言すれば、一つの集合体が新しい機械あるいはユニットを構成するのは、それがこの世界の他の存在に対して、その諸部分ができなかったやりかたで、影響を与える能力を保持している時であるのだ。

(Ibid., p. 77)

諸機械が連結され、それによって既存の諸機械においては見出せていなかった新しい潜在的な権力が生成することで、新しい機械が創発する。それは例えば、水という機械は、酸素と水素という機械の連結によって生成するが、酸素と水素は火を強めてしまう権力を持つのに対して、水は火を消すという新たな権力をもつ、という具合にである。このように、機械指向存在論、あるいは機械の集合体理論においては、権力の生成こそが、個体化の原理であると同時に、創発の原理であるのだ。「存在体はその属性ではなく、その権力によって個別化される。つまり、新しい権力の創発が存在する場に、新しい存在体あるいは機械もまた創発する」(Ibid., p. 83)のである。

機械の個体性が、その潜在的な権力によって規定されるのだとすれば、「機械はさまざまに異なったレベルの規模において、存在しうる」(Ibid., p. 78)だろう。例えば、政府機関と、それを構成する人々は、等しくそれぞれ機械である。しかし、政府機関は、それを構成する人々にはない新しい権力を保持している。このように考えると、内—関係と外—関係は、機械の規模によって変化することが理解できるだろう。たとえば、テレビという機械を基点にして考えれば、それと電源コンセント、アンテナ線、ブルーレイプレイヤー、外部記憶装置などとの関係は外─関係である。しかし、例えばマス・コミュニケーションという機械を基点にすれば、これらとテレビの関係性は内─関係であると理解できる。マス・コミュニケーションという機械においては、それぞれのテレビや電源コンセント、アンテナ線、送信所、あるいは送信所に連結されるテレビ局などが単体で持ちうる権力とは異なった、しかもそれらよりもはるかに大きな権力が、行使されることになるだろうからだ。この意味で、確かにマス・コミュニケーションは一つの機械であり、それはテレビと同じ存在論的な地位を持ちうる存在なのである。また、内─関係的であったとしても、それを構成する諸機械はその関係性に内的に自ら従属しているのではないことに、注意する必要がある。なぜなら、それぞれの機械はまた、機械として自律した個体的存在であり、それが構成する機械のために作られたものでは決してないからだ。この意味で、機械を構成するそれぞれの機械は、「常にそれ自身の秘密の権力を抱えており、いつでもそれを解き放すと脅しをかけている」(Ibid., p. 81)のである。例えば、テレビ機械と外部記憶装置機械を連結することで、マス・コミュニケーション機械への反逆が生じるという事態は、容易に想像ができるのではないだろうか。

以上、オブジェクト指向存在論を発展させたボゴストによるエイリアン現象学、そしてそのエイリアン現象学を補完するものとして、ブライアントによって提唱された機械指向存在論について、検討してきた。これらは、多様なものによって構成されるという存在のあり方──存在論レベルにおける多様性──を解明すべく、ユニットもしくは機械という概念を提示し、非人間中心主義的な存在論を提唱するものであった。しかも、このような多様性によって構成されるシステムの作動、あるいは権力は、決して汲み尽くされ得ない、常に退隠し潜在する、過剰なものなのであった。そして、我々の考えでは、このような存在論的レベルでの多様性は、情動を触発する原理となると思われるのであった。次節ではこのことを考察しつつ、プラットフォームとの関係、および公共性の可能性について検討し、本章を締めくくりたい。

5．情動とポストヒューマン的メディアエコロジー

ブライアントは『千のプラトー』での議論を参照しつつ、「ドゥルーズとガタリの語彙においては、「アフェクト」とは機械の権力もしくは能力を指す」(Ibid., p. 81) と述べている。そして、この「アフェクト」には、受動的なものと能動的なものが存在し、前者は機械が世界に対して因果的かつ選択的に開かれてあること、そして後者は機械の持つ特定の種類の作動や活動に従事する能力のことを意味するという。このような「アフェクト」は、我々が考えるところの「情動《アフェクト》」とまさに一致するといえよう。なぜなら、我々にとって「情動」とは、あらゆる存在するものが、他の存在から触発されることで自身が持つ力――ブライアントの言葉では「権力」――を変容させると同時に、その変容した力＝権力を持って他の存在を触発し、その他の存在の権力を変容させることになるという事態を、説明するための概念だからである。つ

まり、権力の持つ受動性と能動性の両側面を指すものとして、情動を理解することができるのだ。

このような機械、あるいはユニットのもつ情動の力、あるいは情動的権力は、システムの作動がどのように構成されるのかという可能性そのものに関わってくる。なぜなら、一つの機械あるいはユニットのもつ情動的権力は、それを構成するそれぞれの機械ないしユニットがどのように情動的に触発しあうのか、ということによって左右されるからである。言い換えれば、存在論的なレベルにおける多様性が、機械のもつ情動的権力の潜在性を左右するのである。例えば、ボゴストによれば「[架空世界である] アルダの架空言語の文献学というものが、中つ国の歴史もしくは伝承の基礎を形成しており、そしてこれらのことをJ・R・R・トールキンが『ホビットの冒険』や『指輪物語』、そして『シルマリルの物語』といった文学作品に記録しており、そして今度はそれらを基に、ファンはそれらの世界解釈について創作をするのだ」(Bogost 2012, p. 28) という。ここでは、トールキン作品というユニットが、そのファンというユニットの情動を触発することで、ファンによる新しい解釈に基づいた創作活動が生産されるという状況が描かれている。そして、それと同時にこのような創作活動がトールキン作品というユニットに連結されることで、より大きな権力をもつユニットとしてトールキン作品は作動し直すことになるだろう。このように、一つのユニットもしくは機械を構成するユニット／機械の多様性は、それぞれ情動を触発し合うことで、それらが構成しているユニット／機械の権力の潜在性を高めるのである。興味深いことに、ボゴストは「これらのモノはお互いについて感嘆する」（Ibid）という。そして、この感嘆（wonder）こそが、「ユニットの作動の中心である」（Ibid）と主張する。このようなボゴストによる主張は、モノとモノ、ユニットとユニット、あるいは機械と機械の関係性を情動的なものとして捉えていると、理解することができるだろう。

ボゴストの議論に従えば、このようなモノ同士やユニット同士、あるいは機械同士が情動を触発しあう関係性は、「分解図」（exploded view diagram）を通して理解することができるということになると思われる。ユニット同士や機械同士の連結は、「ただ我々のためにではなく、それら自身のため、あるいはそれらお互いのために存在するのであり、そのやり方は我々を驚かせたり、動揺させたりするものである」（Ibid., p. 51）。分解図は、こういった連結の仕方を我々に開陳するものであるが、それは機械同士の連結に階層を持ち込むのではなく、むしろ全てが同一の平面上にあるように描くものなのだ。それはまさに、ユニット同士、機械同士の関係性――それらはそれぞれ自律した存在として、お互いに触発しあっている――についてのダイアグラムであるといえよう。そして、このような分解図は、「使用価値をもたらすのと同じくらい、好奇心そのものをそそるものをもたらす。例えば、自動車の部品マニュアルを見るとき、自動車修理の知識がない人でも、現代の車両の中に存在しているその豊富さについて、たとえそれが見慣れないものだとしても、充足感に浸ることができる」（Ibid., pp. 51-52）のだ。

つまり、分解図によって、分解図を見た者の情動が触発されるのである。そしてここには、トーマス・ラマールが分解図を参照したのと同じ構図を見ることができるだろう。

ラマールもまた、アニメが多平面性を持つがゆえに、そのオーディエンスの情動を触発するということを説明するべく、分解図を参照する。ラマールは「平ら《フラット》なコンポジティングが動画の力をイメージの表面にわたって広げる際、分解投影図の構造がどのようにその力を捕捉するのかに役立っているのか」（Lamarre 2009＝二〇一三年、一六一頁）ということと、「分解投影図の構造を、機械を通してアニメーションにおける分岐する諸系列へと開放する（もしくは再開放する）のに動画がどう機能しているのかを見る」（同書）のにどのように役立つかということを問題にしている。つまり、アニメの多平面的イメージにおける、セル同士の非階層的で横断的なリンクを理解するものとして、分解図は有用なのである。[7] そして、このような多平面的なイメージによって、オーディエンスの情動は触発される。その典型的な例は、アニメのキャラクターであろう。アニメのキャラクターは、「同じ身体や顔を描いた一連のセルコピー」（同書、二三五頁）の集合体であるセル・バンクを基に、それ以外の風景などのセルと組み合わされることで、「さまざまに異なるシーンや運動を一緒につなぎ合わせる」（同書）ことができるものだ。ラマールによれば、このような「セル・バンクは、生命を吹き込まれた《アニメーティッド》生命体をばらばらにしてつなぎ合わせるための組み立て図《アセンブリー・ダイアグラム》を提供する」（同書）ものなのであり、だからこそ、「キャラクターはDIYキットのようなものとして、つまり、いくつもの身体と魂をばらばらにしてもう一度つなぎ合わせるための組み立て図《アセンブリー・ダイアグラム》として現れる」（同書、二四七頁）ことが可能なのであるという。言い換えれば、キャラクターとは一つのユニットもしくは機械であり、それはさまざまなユニットあるいは機械が連結することによって構成されており、そしてこれら複数のユニットや機械によって、オーディエンス／オタクというユニットの情動がさまざまに触発されるのである。そして、この様々なやり方で情動を触発されたオーディエンス／オタクというユニット／機械がキャラクターに連結されることで、そのより大きな顕現を生産することができる潜在的権力をもつ機械として、そのキャラクターは個別化されるようになるのである。

　このようなキャラクターは、一つのプラットフォームであると理解できる。ラマールは、次のように主張する。

> 自己、キャラクター、プラットフォームの間の下《インフラ》＝個体《インディヴィデュアル》的な内《イントラ》＝作用《アクション》の分析に着手するさいには、プラットフォーマティヴィティ、つまりプラットフォームに関係する一種のパフォーマティヴィティの観点から思考すると良いかもしれない。ジュディス・バトラーがパフォーマティヴィティに与えた明確な表現は今や古典となったが、それは自身を反復する人間個体に関わるものであった。そしてこの反復が下《インフラ》＝個体《インディヴィデュアル》的な情動的潜在力を表面化し、差異を伴う反復を可能にするとされた。プラットフォーマティヴィティにお

いては、キャラクター（あるいはより広い意味でのメディア内容《コンテント》）とプラットフォーム（つまりインフラストラクチャー）の両者が能動的《アクティヴリー》に圧力を及ぼし、能動的《アクティヴ》な役割を、あるいはより厳密には内《イントラ》＝作用的《アクティヴ》な役割を演じる。とすれば、プラットフォーマティヴィティは、複数の自己やキャラクターやプラットフォームの反復に関わる。この反復が、これらのものの相互作用《インターアクション》の根底にある構成的な平面を生み出し、それらにコンポジティングの力をあたえる。

（Lamarre 2018＝二〇二三年、二二二頁）

ここで「下《インフラ》＝個体《インディヴィデュアル》的な内《イントラ》＝作用《アクション》」と呼ばれているものは、ここまでの我々の議論に即していえば、個別のユニット／機械を構成する諸ユニット／諸機械間の内―関係、として理解できるであろう。キャラクターを構成するユニット／諸機械は、それに連結されたユニット／諸機械としてのオーディエンスやオタクの情動を触発し、そこにキャラクターとオーディエンスやオタクとの間に内―関係が構成される。キャラクター機械の作動の中に、オタク機械やオーディエンス機械が組み込まれるのである。そして、そのような連結は、そのキャラクターをしてより大きな顕現を生産させ、その潜在的な情動的権力をさらに強力なものであるとして認識させる。その結果、キャラクターは他の諸ユニット／機械と内―関係的に繰り返し連結される。それにより、大きな顕現を生産すると期待させるような、潜在的な情動的権力を持つはずの新たなユニット／機械——映画、コマーシャルフィルム、ゲーム、2・5次元ミュージカル、声優／キャラ・ライブコンサートなど——を創発するのだ。このように、キャラクターはその情動的権力によって様々なユニット／機械と連結され、そしてユニットとユニット、あるいは機械と機械を媒介するようなプラットフォームとして機能することになるのである。

ユニット／機械としてのキャラクターが反復的に諸ユニット／諸機械と連結されることによって、様々な機械を行為遂行的《パフォーマティヴ》に生産していく。このようなキャラクターのプラットフォーマティヴィティは、情動的権力によって駆動している。こういったキャラクターのプラットフォーマティヴィティを理解することこそが、プラットフォーム自体の可能性を検討する糸口となるのではないだろうか。それは、プラットフォームを通じて、非人間的なユニット／機械が核となって情動的権力を駆動させることで生じる、制御不可能性を考察するということである。言い換えれば、プラットフォームを通じて生じる、あらかじめ見通すことが不可能な、ユニット／機械の様々な連結と全く新しいユニット／機械の生成／創発を捉えた上で、そこに新たな公共性が構築される可能性を模索するということだ。公共性が、共通的世界への関心に基づくことで、その世界を構築する様々な活動に参加することによって生じるものであるとすれば、生成する新しいユニット／機械に連結されている諸ユニット／諸機械にとって、自分たちが連結されているユニット／機械こそは共通世界であると言って良いだろう。共通世界への関心は、常にお互いに連結されている諸ユニット／諸機械が、自らの内―関係と外―関係によって、どのような新しいシステムが構成され作動することになるのか、ということを思考し理解することであると考えられるだろう。

このような公共的関心、あるいはプラットフォームによる諸機械の生成を理解するために有用であると考えられるのが、ブライアントが提唱するポストヒューマン的メディアエコロジーである。ブライアントは、マーシャル・マクルーハンによるメディア理論——とりわけ「全てのメディアは人間の拡張である」(Bryant 2014, p. 30) という主張——を参照しつつ、次のように述べる。

メディアを研究するということは、単にテクノロジー、道具、人工物、そしてコミュニケーションの形態を精査することではなく、むしろ、そこに人間が関与しているか否かに関わりなく、諸機械がお互いに構造的に連結され、取り繕いあっているやり方を検討するということである。この点において、メディアの精査は、我々が通常「マスメディア」と呼んでいるものについての精査よりも、エコロジーに近いものとなる。さらに言えば、人間の関与に関わりなく諸機械がメディアとして機能するのであれば、メディアの理論は、それが様々な存在体が人間にとってのメディアとしてどのように機能しているのかということに制限されないという意味において、ポストヒューマン的なものである。それは、どのようにノンヒューマン的機械がノンヒューマン的機械のメディアとして機能しているのか、そしてどのように人工物すなわち機械がノンヒューマンのメディアとして機能しているのかに関心を向けるのに加えて、どのように人間がノンヒューマンのメディアとして機能しうるのか、ということを精査するものなのだ。かようにして、それは、人間の王国とノンヒューマンの王国との間のいかなる根本的な区別をも抹消する、諸機械の間の諸関係というエコロジカルな見取り図を提出するものなのである。

(Ibid., p. 35)

マクルーハンは、例えば車をメディアとして足の拡張、あるいはカメラをメディアとして目の拡張として捉えた。このように、マクルーハンにとってメディアとは「媒介するもの」(intermediary)であり、ブライアントによれば、これは「存在論一般にたいする重要性」(Ibid., p. 34)を持つという。なぜならば、あらゆる機械は他の機械に連結されることで、その権力を拡張することができ、しかもこれこそが、諸機械の新たな個別性を生成/創発させる原理であるからである。この場合、連結された機械にとって、連結した機械はメディアである、ということになる。ブライアントは、こういった理解のもとに、マクルーハンの人間中心主義的な傾向を――マクルーハンにとってメディアは人間の諸器官を拡張するものであった――避けつつ、新しいメディア理論を提唱するのである。これこそが、ポストヒューマン的エコロジーなのだ。存在論的な多様性へと関心を寄せつつ、それがいかに情動的権力によって連結され、予測不可能な諸機械を生成／創発させるのか。そして、そこにプラットフォームがいかに関わっているのか。これらを理解することこそが、公共性へと向かうことであり、そのために必要なものこそが、ポストヒューマン的メディアエコロジーなのである。

（1）ハンナ・アレントは次のように言っている。「「公的《パブリック》」という用語は、世界そのものを指している。なぜなら、世界とは、私たちすべてのものに共通するものであり、私たちが私的に所有している場所とは異なるからである。しかし、ここでいう世界とは地球とか自然のことではない。地球とか自然は、人びとがその中を動き、有機的生命の一般的条件となっている限定的な空間にすぎない。むしろ、ここでいう世界は、人間の工作物や人間の手が入った制作物に結びついており、さらに、この人工的な世界に共生している人びとの間で進行する事象に結びついている。世界の中に共生するというのは、本質的には、ちょうど、テーブルがその周りに座っている人びとの真中《ビトウィーン》に位置しているように、事物の世界がそれを共有している人びとの真中《ビトウィーン》にあるということを意味する」（Arendt 1958＝一九九四年、七八頁）。いうまでもなく、アレントにとって公共性とは人間にとってのもの――「人間の条件」――であり、その理由は人間だけが「必然」を超えた「自由」なる「活動」をなすことができるからであった。それに対する本章の主張は、人間以外のモノもまた、「偶発性」を通じて「自由」な「活動」を行なっている、ということであると言いえよう。

（2）例えば、『メタバース進化論』においては、「空間性」・「自己同一性」・「大規模同時接続性」・

「創造性」・「経済性」・「アクセス性」・「没入性」がメタバースの要件として挙げられており（ねむ 二〇二二年、三一―三二頁）、この場合の自己同一性とは、「自分のアイデンティティを投影した唯一無二の自由なアバターの姿で存在できる世界」と定義されている。

（3）ここでは明示的に述べられてはいないが、新自由主義はもとより、リバータリアニズムやカリフォルニアンイデオロギーなどが挙げられるだろう。

（4）もちろん、ハーマンによれば関係性や因果性は人間の主観＝精神以外によって媒介されるというのが、彼による「代替因果」の議論の核心である。しかし、その媒介が結局何によるのかという議論が十分に明晰であるとは言い難く、かつ説明の仕方が人間の感覚的な認識や、それに基づく比喩に頼ってしまっているように見える以上、主観主義へと陥ってしまう危険性は常にあるのではないだろうか。

（5）この理由は、アクターネットワーク理論が人間以外の存在も同じ「アクター」として平等に扱うからに他ならない。ラトゥール自身が主張するように、アクターネットワーク理論が「新しいのは、モノが突如として、一人前のアクターとして光が当てられるだけでなく、私たちの出発点である対照的な景色、社会を覆う権力、限りない非対称性、圧倒的な権力の行使を説明するものとして光が当てられること」（Latour 2005＝二〇一九年、一三六頁）であり、それは「オブジェクト指向の人間のためのオブジェクト指向の社会学であったために、そもそも注目された」（同書、一四〇頁）ものであったのである。

（6）ブライアントの議論を参照しながら、ボゴスト（2012, p. 12）は次のようにも主張している。「存在の上に君臨し、そのあらゆる側面を総体にわたってかつ疑問の余地なく含むことのできるような、原—モノ、保管容器、輸送容器、概念は存在しない。「全てのモノを一つの調和的な統一性にまとめるであろう〔……〕「超—モノ」などは存在しないのだ」」。

（7） より詳しくは、本書第四章を参照。

参考文献

まえがき

Grusin, Richard. 2015, "Introduction", ed. R. Grusin, *The Nonhuman Turn*, Minneapolis: University of Minnesota Press.

第一章

Appadurai, Arjun. 2016, *Banking on Words: The Failure of Language in the Age of Derivative Finance*. Chicago: The University of Chicago Press（＝二〇二〇『不確実性の人類学——デリバティブ金融時代の言語の失敗』中川理、中空萌訳、以文社）

Beck, Ulrich. Giddens, Anthony. and Lash, Scott. 1994, *Reflexive Modernization. Politics, Tradition and Aesthetics in the Modern Social Order*. Cambridge: Polity Press（＝一九九

七『再帰的近代化——近現代における政治、伝統、美的原理』松尾精文、小幡正敏、叶堂隆三訳、而立書房）

Bonneuil, Christophe. et Fressoz, Jean-Baptiste. 2016, *L'Événement anthropocène. La Terre, l'histoire et nous*, Paris: Éditions du Seuil（＝二〇一八『人新世とは何か——〈地球と人類の時代〉の思想史』野坂しおり訳、青土社）

Brassier, Ray. 2014, "Prometheanism and Its Critics", Robin Mackay and Armen Avanessian (eds), *#Accelerate: The Accelerationist Reader*, Falmouth: Urbanomic.

Bridle, James. 2018, *New Dark Age: Technology and the End of the Future*, London: Verso（＝二〇一八『ニュー・ダーク・エイジ——テクノロジーと未来についての10の考察』久保田晃弘監訳、栗原百代訳、ＮＴＴ出版）

Dean, Jodi. 2010, *Blog Theory: Feedback and Capture in the Circuits of Drive*, Cambridge: Polity.

Dyer-Witheford, Nick. Kjøsen, Atle Mikkola. and Steinhoff, James. 2019, *Inhuman Power: Artificial Intelligence and the Future of Capitalism*, London: Pluto.

Fisher, Mark. 2009, *Capitalist Realism: Is There No Alternative?* Winchester: Zero Books（＝二〇一八『資本主義リアリズム』セバスチャン・ブロイ、河南瑠莉訳、堀之内出版）

Foucault, Michel. 1984, "L'éthique du souci de soi comme pratique de la liberté", *Concordia*.

Revista internacional de filosofía, no 6, juillet-décembre 1984, pp. 99-116（＝二〇〇六「自由の実践としての自己への配慮」『フーコー・コレクション5――性・真理』小林康夫、石田英敬、松浦寿輝編、ちくま学芸文庫、筑摩書房）

――1988, "The Political Technology of Individuals", Luther H. Martin, Huck Gutman and Patrick H. Hutton (eds), *Technologies of the self: a seminar with Michel Foucault*. Amherst: University of Massachusetts Press（＝二〇〇六「個人の政治テクノロジー」『フーコー・コレクション5――性・真理』小林康夫、石田英敬、松浦寿輝編、ちくま学芸文庫、筑摩書房）

――2004, *La Naissance de la biopolitique: Cours au Collège de France (1978-1979)*. Paris: Seuil（＝二〇〇八『ミシェル・フーコー講義集成8――生政治の誕生』慎改康之訳、筑摩書房）

Heidegger, Martin. 1954, "Die Frage nach der Technik", *Vorträge und Aufsätze*. Pfullingen: Verlag Günther Neske（＝二〇〇九「技術への問い」『技術への問い』関口浩訳、平凡社）

Hui, Yuk. 2017, *The Question Concerning Technology in China: An Essay in Cosmotechnics*. Falmouth: Urbanomic（＝二〇二二『中国における技術への問い――宇宙技芸試論』伊勢康平訳、ゲンロン）

Horkheimer, Max. and W. Adorno, Theodor. 1947, *Dialektik der Aufklärung: Philosophische Fragmente*. Amsterdum: Querido Verlag（＝二〇〇七『啓蒙の弁証法』徳永恂訳、岩波文庫、

岩波書店）
Joque, Justin. 2022, *Revolutionary Mathematics: Artificial Intelligence, Statistics and the Logic of Capitalism*, London: Verso（＝二〇二二『統計学を革命する——資本主義を支えるＡＩとアルゴリズム』本田真奈美訳、青土社）
Massumi, Brian. 2002, *Parables for the Virtual: Movement, Affect, Sensation*, Durham and London: Duke University.
————2015, *Ontopower: War, Powers, and the State of Perception*, Durham and London: Duke University.
宮坂宥勝（一九六〇）「アスラからビルシャナ仏へ」『密教文化』四七号、七―二三頁
大澤真幸（二〇一五）『自由という牢獄——責任・公共性・資本主義』岩波書店
Read, Jason. 2016, *The Politics of Transindividuality*, Chicago: Haymarket Books.
酒井直樹（一九九七）『日本思想という問題——翻訳と主体』岩波書店
Simondon, Gilbert. 2013, *L'individuation à la lumière des notions de forme et d'information*. Grenoble: Editions Jérôme Millon（＝二〇一八『個体化の哲学——形相と情報の概念を手がかりに』藤井千佳世監訳、近藤和敬、中村大介、ローラン・ステリン、橘真一、米田翼訳、法政大学出版局）
Srnicek, Nick. 2017, *Platform Capitalism*, Cambridge: Polity Press（＝二〇二二『プラットフォ

ーム資本主義』大橋完太郎、居村匠訳、人文書院）
Stiegler, Bernard. 1994, *La Technique et le Temps: tome 1, La Faute d'Épiméthée*. Paris: Galilée（＝二〇〇九『技術と時間1——エピメテウスの過失』石田英敬監修、西兼志訳、法政大学出版局）

第二章

Connolly, William. 1999, *Why I Am Not a Secularist,* Minneapolis: University of Minnesota Press.
——2002, *Neuropolitics: Thinking, Culture, Speed,* Minneapolis: University of Minnesota Press.
Dean, Jodi. 2009, *Democracy and Other Neoliberal Fantasies: Communicative Capitalism and Left Politics,* Durham and London: Duke University.
——2010, *Blog Theory: Feedback and Capture in the Circuits of Drive*, Cambridge: Polity.
Deleuze, Jill. 1981, *Spinoza: Philosophie Critique,* Paris: Éditions de Minuit.（＝一九九四『スピノザ——実践の哲学』鈴木雅大訳、平凡社）
Deleuze, Jill. and Guattari, Felix. 1980, *Mille Plateaux: Capitalisme et schizophrenie 2,* Paris:

Éditions de Minuit.（＝二〇一〇『千のプラトー――資本主義と分裂性』宇野邦一・小沢秋広・田中敏彦・豊崎光一・宮林寛・守中高明訳、河出文庫）

Foucault, Michel. 2004, *La Naissance de la Biopolitique*, Paris: Seuil.（＝二〇〇八『生政治の誕生』慎改康之訳、筑摩書房）

Gilbert, Jeremy. 2014, *Common Ground: Democracy and Collectivity in an Age of Individualism*, London: Pluto Press.

LeDoux, Joseph. 1996, *The Emotional Brain: The Mysterious Underpinnings of Emotional Life*, New York: Simon & Schuster（＝二〇〇三『エモーショナル・ブレイン――情動の脳科学』松本元・小幡邦彦・湯浅茂樹・川村光毅・石塚典生訳、東京大学出版会）

Massumi, Brian. 2015, *Ontopower: War, Powers, and the State of Perception*, Durham and London: Duke University.

松本卓也（二〇一八）『享楽社会論――現代ラカン派の展開』人文書院

Protevi, John. 2019, *Edge of the State*, Minneapolis: University of Minnesota Press.

Žižek, Slavoj. 2018, *Like a Theft in Broad Daylight*, London: Penguin Books.（＝二〇一九『真昼の盗人のように――ポストヒューマニティ時代の権力』中山徹訳、青土社）

第三章

Bonneuil, Christophe. and Fressoz, Jean-Baptiste. 2016, *L'Événement anthropocène. La Terre, l'histoire et nous*, Paris: Éditions du Seuil（＝二〇一八『人新世とは何か――〈地球と人類の時代〉の思想史』野坂しおり訳、青土社）

Brassier, Ray. 2014, "Prometheanism and Its Critics", Robin Mackay and Armen Avanessian (eds), *#Accelerate: The Accelerationist Reader*, Falmouth: Urbanomic.

Bratton, Benjamin. 2015. *The Stack: On Software and Sovereignty*, Cambridge: Massachusetts Institute of Technology Press.

Carstens, Delphi. 2010, "Hyperstition," *Orphan Drift*, https://www.orphandriftarchive.com/articles/hyperstition/.

Dyer-Witheford, Nick. Kjøsen, Atle Mikkola. and Steinhoff, James. 2019, *Inhuman Power: Artificial Intelligence and the Future of Capitalism*, London: Pluto.

Fisher, Mark. 2009, *Capitalist Realism: Is There No Alternative?*, Winchester: Zero, 2009.（＝二〇一八『資本主義リアリズム』セバスチャン・ブロイ、河南瑠莉訳、堀之内出版）

Galloway, Alexander R. 2017, "Brometheanism," *Alexander Galloway's Blog*, http://cultureandcommunication.org/galloway/page/2.（＝二〇一九「ブロメテアニズム」増田展大訳、『現代思想二〇一九年六月号　特集＝加速主義』青土社）

Nunes, Rodrigo. 2014, *Organisation of the Organisationless: Collective Action after Networks*, London: Mute.

Shaviro, Steven. 2015, “Accelerationism Without Accelerationism”, *The Pinocchio Theory*, http://www.shaviro.com/Blog/?p=1328.

Srnicek, Nick. and Williams, Alex. 2015, *Inventing the Future: Postcapitalism and a World Without Work*, London: Verso.

Srnicek, Nick. 2017, Platform Capitalism, Cambridge: Polity（＝二〇二二『プラットフォーム資本主義』大橋完太郎、居村匠訳、人文書院）

Terranova, Tiziana. 2014, “Red Stack Attack!”, Robin Mackay and Armen Avanessian (eds), *#Accelerate: The Accelerationist Reader*, Falmouth: Urbanomic.

Wark, Mackenzie. 2013, “#Celerity: A critique of the manifesto for an accelerationist politics”. Available at: https://speculativeheresy.files.wordpress.com/2013/05/wark-mckenzie-celerity.pdf

Williams, Alex. and Srnicek, Nick. 2013, “#Accelerate: Manifest for an Accelerationist Politics”, Robin Mackay and Armen Avanessian (eds), *#Accelerate: the accelerationist reader*, Falmouth: Urbanomic.（＝二〇一七「加速派政治宣言」水嶋一憲・渡邊雄介訳、『現代思想二〇一八年一月号　特集＝現代思想の総展望２０１８』青土社）

第四章

Asad, Talal. 1993, *Genealogy of Religion: Discipline and Reasons of Power in Christianity and Islam.* Baltimore: Johns Hopkins University Press（＝二〇〇四『宗教の系譜――キリスト教とイスラムにおける権力の根拠と訓練』中村圭志訳、岩波書店）

Braidotti, Rossi. 2013, *The Posthuman,* Cambridge: Polity Press.（＝二〇一九『ポストヒューマン――新しい人文学に向けて』門林岳史監訳、フィルムアート社）

Connolly, William. 1999. *Why I Am Not a Secularist.* Minneapolis: Minnesota University Press.

Deleuze, Jill. 1990, "Post-scriptum sur les sociétés de contrôle," *Pourparlers 1972–1990,* Paris: Éditions de Minuit.（＝二〇〇七「追伸――管理社会について」宮林寛訳『記号と事件――1972―1990年の対話』河出文庫、河出書房新社）

『電撃 G's magazine 号外ラブライブ！サンシャイン‼ Aqours Winter Special 2018』（二〇一八）『電撃 G's magazine 二〇一九年二月増刊号』、アスキーメディアワークス

Fisher, Mark. 2009. *Capitalist Realism: Is There No Alternative?* Winchester: Zero Books.（＝二〇一八『資本主義リアリズム』セバスチャン・ブロイ、河南瑠莉訳、堀之内出版）

Gilbert, Jeremy. 2014, *Common Ground: Democracy and Collectivity in an Age of Individualism*, London: Pluto Press.

『月刊 Cut』二〇一六年六月号「μ's とみんなの夢が永遠になった日」

Hall, Stuart. 1973. "Encoding and Decoding in the Television Discourse". https://www.birmingham.ac.uk/Documents/college-artslaw/history/cccs/stencilled-occasional-papers/1to8and11to24and38to48/SOP07.pdf.

檜垣立哉（二〇〇八）『賭博／偶然の哲学』河出書房新社

磯前順一、山本達也（二〇一一）「宗教研究の突破口――ポストモダニズム、ポストコロニアル批評、ポスト世俗主義」磯前順一、山本達也共編『宗教概念の彼方へ』法藏館

北田暁大（二〇一一）『増補　広告都市・東京――その誕生と死』筑摩書房

Lamarre, Thomas. 2009, *The Anime Machine: A Media Theory of Animation*. Minneapolis: Minnesota University Press（＝二〇一三『アニメ・マシーン――グローバル・メディアとしての日本アニメーション』藤木秀朗監訳、大崎晴美訳、名古屋大学出版会）

――――2006 "Otaku Movement" In *Japan After Japan: Social and Cultural Life from the Recessionary 1990s to the Present*, eds. Tomiko Yoda and Harry Harootunian. Durham: Duke University Press.

Lordon, Frédéric. 2010, *Capitalisme, désir et servitude. Marx et Spinoza*. Paris: La Fabrique

éditions（＝二〇一二『なぜ私たちは、喜んで〝資本主義の奴隷〟になるのか？』杉村昌昭訳、作品社）
Massumi, Brian. 2002. *Parables for the Virtual: Movement, Affect, Sensation*. Durham: Duke University Press.
Mendieta, Eduardo, and Van Antwerpen, Jonathan. 2011. *The Power of Religion in the Public Sphere*. New York: Columbia University Press（＝二〇一四『公共圏に挑戦する宗教――ポスト世俗化時代における共棲のために』箱田徹、金城美幸訳、岩波書店）
西田幾多郎（一九六五）『西田幾多郎全集第七巻』岩波書店
Srnicek, Nick. 2017. *Platform Capitalism*. Cambridge: Polity Press（＝二〇二二『プラットフォーム資本主義』大橋完太郎、居村匠訳、人文書院）
吉見俊哉（一九九六）『リアリティ・トランジット――情報消費社会の現在』紀伊国屋書店

第五章

Dean, Jodi. 2010, *Blog Theory: Feedback and Capture in the Circuits of Drive*. Cambridge: Polity.
藤田省三（一九九八）『藤田省三著作集1　天皇制国家の支配原理』みすず書房

Gordon, Andrew. 1991, *Labor and Imperial Democracy in Prewar Japan*. Berkley: University of California Press.

Harootunian, Harry. 2000. *Overcome by Modernity: History, Culture, and Community in Interwar Japan*. Princeton: Princeton University Press.（＝二〇〇七『近代による超克――戦間期日本の歴史・文化・共同体〈上〉』梅森直之訳、岩波書店）

川村覚文（二〇二二）「第五章　ポスト世俗主義時代の技術と資本主義、そしてアニメの潜在性」島薗進、末木文美士、大谷栄一、西村明編『近代日本宗教史第六巻模索する現代――昭和後期～平成期』春秋社

Kawamura, Satofumi and Iwabuchi, Koichi. 2022. "Making neo-nationalist subject in Japan: The intersection of nationalism, jingoism, and populism in the digital age." *Communication and the Public* 7 (1): 15–26.

小牧実繁（一九四二）『地政學上より見たる大東亞』日本放送出版協會

高坂正堯（二〇〇八）『海洋国家日本の構想』中央公論新社

Lamarre, Thomas. 2009, *The Anime Machine: A Media Theory of Animation*. Minneapolis: Minnesota University Press（＝二〇一三『アニメ・マシーン――グローバル・メディアとしての日本アニメーション』藤木秀朗監訳、大崎晴美訳、名古屋大学出版会）

――――2018, *The Anime Ecology: A Genealogy of Television, Animation, and Game Media*.

Minneapolis: Minnesota University Press（＝二〇一三『アニメ・エコロジー――テレビ、アニメーション、ゲームの系譜学』上野俊哉監訳、大﨑晴美訳、名古屋大学出版会）
丸山眞男（一九六一）『日本の思想』岩波書店
見田宗介（一九九五）『現代日本の感覚と思想』講談社
西谷啓治（一九七九）「「近代の超克」私論」河上徹太郎他『近代の超克』富山房
酒井直樹（一九九七）『日本思想という問題――翻訳と主体』岩波書店
――（二〇一五）『死産される日本語・日本人――「日本」の歴史―地政的配置』講談社
椹木野衣（二〇〇五）「スーパーフラットという戦場で――戦後日本のサブカルチャーと美術」『リトルボーイ　爆発する日本のサブカルチャー・アート』イェール大学出版
柴田陽一（二〇一六）『帝国日本と地政学――アジア・太平洋戦争期における地理学者の思想と実践』清文堂出版
Terranova, Tiziana. 2004, *Network Culture: Politics for the Information Age*. London: Pluto Press.
山之内靖（二〇一五）『総力戦体制』筑摩書房
Žižek, Slavoj. 1989, *The Sublime Object of Ideology*. London: Verso.（＝二〇一五『イデオロギーの崇高な対象』鈴木晶訳、河出書房新社）
――1993, *Tarrying with the Negative: Kant, Hegel, and the Critique of Ideology*, Durham:

Duke University Press.（＝一九九八『否定的なもののもとへの滞留――カント、ヘーゲル、イデオロギー批判』酒井隆史・田崎英明訳、太田出版）

第六章

Arendt, Hannah. 1958, *The Human Condition*, Chicago: The University of Chicago Press（＝一九九四『人間の条件』志水速雄訳、筑摩書房）

Bogost, Ian. 2012, *Alien Phenomenology: Or What It's Like to Be a Thing*, Minneapolis: University of Minnesota Press.

Bratton, Benjamin. 2015. *The Stack: On Software and Sovereignty*, Cambridge: Massachusetts Institute of Technology Press.

Bryant, Levi R. 2014, *Onto-Cartography: An Ontology of Machines and Media*, Edinburgh: Edinburgh University Press.

Bryant, Levi, Srnicek, Nick, and Harman, Graham, 2011, "Towards a Speculative Philosophy," *The Speculative Turn: Continental Materialism and Realism*, eds. Bryant, Levi, Srnicek, Nick, and Harman, Graham, Melbourne: re.press.

Harman, Graham, 2011, *The Quadruple Object*, Ropley: Zero Books（＝二〇一七『四方対象

——オブジェクト指向存在論入門』岡嶋隆佑・山下智弘・鈴木優花・石井雅巳訳、人文書院）

Lamarre, Thomas. 2009, *The Anime Machine: A Media Theory of Animation*. Minneapolis: Minnesota University Press（＝二〇一三『アニメ・マシーン――グローバル・メディアとしての日本アニメーション』藤木秀朗監訳、大崎晴美訳、名古屋大学出版会）

――2018, *The Anime Ecology: A Genealogy of Television, Animation, and Game Media*. Minneapolis: Minnesota University Press（＝二〇二三『アニメ・エコロジー――テレビ、アニメーション、ゲームの系譜学』上野俊哉監訳、大崎晴美訳、名古屋大学出版会）

Latour, Bruno. 2005, *Reassembling the Social: An Introduction to Actor-network-theory*. Oxford: Oxford University Press（＝二〇一九『社会的なものを組み直す――アクターネットワーク理論入門』伊藤嘉高訳、法政大学出版局）

Meillassoux, Quentin, 2006, *Après la finitude. Essai sur la nécessitéde la contingence*, Paris: Seuil.（＝二〇一六『有限性の後で――偶然性の必然性についての試論』千葉雅也・大橋完太郎・星野太訳、人文書院）

Shaviro, Steven, 2014, *The Universe of Things: On Speculative Realism*, Minneapolis: University of Minnesota Press（＝二〇一六『モノたちの宇宙――思弁的実在論とは何か』上野俊哉訳、河出書房新社）

Srnicek, Nick. 2017, *Platform Capitalism*, Cambridge: Polity（＝二〇二二『プラットフォーム資

本主義』大橋完太郎、居村匠訳、人文書院）
バーチャル美少女ねむ（二〇二二）『メタバース進化論――仮想現実の荒野に芽吹く「解放」と「創造」の新世界』技術評論社

あとがき

本書は、二〇一六年あたりから考えていたことを軸に執筆した論考によって、構成されている。私自身初の単著であると同時に、日本語のものとしては全て書き下ろしとなっている。とはいえ、いくつかアイデアの発端となっている論文が存在している。まず、第三章は『現代思想』二〇一九年六月号に発表した、「ポスト労働社会の想像と四つの要求」が執筆の契機となっている。そして、第四章は"*Love Live!* as an Affective-Religious Medium in the Postsecular Era" in *Idology in Transcultural Perspective: Anthropological Investigations of Popular Idolatry* (edited by Hiroshi Aoyagi et al., London: Palgrave Macmillan, 2021) をもとに、大幅に加筆修正したものである。また、第五章はBrillより近刊予定の"The Politics of Maritime Imaginary in Modern Japan" in *Entangled Waterscape in Asia* (edited by Kwai-Cheung Lo and Hung-chiung Li) での議論を下敷きに、一つの新しい論考として執筆し直したものである。さらに、第六章は「思弁的権力理論としての情動理論」(『関東学院大学人間環境学会紀要』第三七号) での議論を一部流用している。

博士論文での研究テーマ（*Nishida Kitaro's Political Philosophy: Wartime Japan and the Empire of Governmentality*）と比較すると、本書での内容との乖離に訝しむ声もあるかもしれない。しかし、私としては、底流にあるのは一貫した問題意識である。そもそも博士論文で考察を試みたのは、「日本文化」論の持つ政治性・権力性であり、それがいかにモダニティといった原理と絡み合っているのか、ということであった。私は幼少の頃から、アニメや漫画、あるいはゲームといったポピュラー文化・メディア文化を愛好していたが、一方でそれらを愛好することを厳しく制限・抑圧される環境の中で育ってきた。それは、わかりやすく「上級文化」による「下級文化」の父権権力的抑圧という形をとっていたのだが、私にとってアニメやゲームの愛好は、そういった抑圧への抵抗という政治的な意味合いを強く持っていた（なんとか隠れてOVAを見たり、こっそり『ログイン』や『コンプティーク』などを読みつつ、なぜか自宅にあったPC9801で息を潜めてゲームをしたりしていたのであった）。そして、このような抑圧の背後には、エスタブリッシュメントとしての「日本文化」（あるいは「日本精神」・「日本的霊性」）という概念が控えていることを薄々感じていたが、そういったことを問題化し批判する方法も論理も、当時の私は持ち合わせていなかった。しかし、大学に入学後かなりの時間を経て、文化の政治性を問題化している思想的な潮流と邂逅するにいたった。それこそが、カルチュラル・スタディーズであった。私にとってカルチュラル・スタディーズこそは、ポピュラー文化やメディア文化の可能性を論じつつ、近代以降の社会における「上級文化」による「下級文化」の抑圧や、ナショナリズムと文化本質主義の関係などを批判的に分析するものとして、まさにそれまで求め続けていたものの具現化として映ったのであった（その導き手は、酒井直樹氏の諸著作であった）。そしてその後、私はカルチュラル・スタディーズで重視されている批判理論や社会理論を中心に、文化研究やメディア研究の手法を学ぶようになり、グローバルな資本主義による文化の諸編成へと自身の関心も広がっていった。そして、本来であれば、ポピュラー文化やメディア文化の可能性についてすぐにでも考察したかったが、自身を長年にわたって抑圧してきたそもそもの対象を分析することを避けることができず、まずはその対象の批判的検討を博士論文での目標としたのであった（しかし、博士論文研究においても、当初は意図していなかった西田の「技術」概念の分析が一つのメインテーマとなったことは、本書につながる伏線となっていたとも考えられよう）。博士号取得により、そのような「敵」の分析に一応の決着をつけたことによって（もちろん、このような批判的分析の作業はこれからも続くであろう）、ようやく自分がしたいと思える研究をできるようになったと感じている。そして、本書はその第一歩であるということができるだろう。

このように、これまでの道のりは紆余曲折を経たものであったが、多くの人々の支援や協力を得てきた。私のANU時代とゴールドスミス時代のそれぞれの先生であるテッサ・モーリス＝スズキ氏とアルバート・トスカノ氏には、最大限の謝意を表したい。とくに、テッサの主著である *Beyond Computopia* は、社会と情報テクノロジーの関係をいかに分析するかということとについての、お手本として常に私の念頭にあるものであった。また、それ以外に本書の成立に直接的もしくは間接的に関わりある方々としては、伊藤守、市田良彦、磯前順一、須川亜紀子、田中東子、水嶋一憲、パトリック・ガルブレイス、マーク・ダウニング、羅貴祥、李鴻瓊、乙部延剛、鵜飼健史、光岡寿郎、濱野健、坪田晋輔、マックス・ワード、ジョエル・グン、リチャード・カリッチマン、中島隆博、島薗進、岩渕功一、有元健、山本淳久、原島大輔、滝浪佑紀、毛利嘉孝、井上弘貴、小笠原博毅、塚原東吾の諸氏に謝意を評したい。

本書の出版は春秋社の水野柊平氏からのご提案により、実現したものである。氏のご尽力と、しばしば約束の締切りを大幅に遅れてしまう私の遅筆さに辛抱強く耐えていただいたことに、心より感謝したい。

最後に、常に私を支えてくれた妻である紗奈と、本書執筆中に生まれてきてくれた茉結莉に、本書を捧げたいと思う。しばしば弱気になりがちな私を励まし、第一の読者となってくれた妻の存在なしには、本書は世に出ることはなかっただろう。本当に、ありがとう。

二〇二四年六月　シンガポールにて

川村覚文

著者略歴

川村　覚文（かわむら　さとふみ）

1979年京都生まれ。早稲田大学政治経済学部政治学科卒。ロンドン大学ゴールドスミス校にて修士号（コミュニケーション、文化および社会）取得後、オーストラリア国立大学にて思想史研究で博士号取得。現在、大妻女子大学文学部コミュニケーション文化学科准教授。Inter-Asia Cultural Studies Society 運営委員。専門は批判理論、メディア文化論、カルチュラル・スタディーズ。近年の業績に、“*Love Live!* as an Affective-Religious Medium in the Postsecular Era” in *Idology in Transcultural Perspective: Anthropological Investigations of Popular Idolatry*（edited by Hiroshi Aoyagi et al., London: Palgrave Macmillan, 2021）、“Making neo-nationalist subject in Japan: The intersection of nationalism, jingoism, and populism in the digital age”（co-authored with Koichi Iwabuchi, *Communication and the Public* 7:1, 2022）、「聖なるもの、情動、プラットフォーム——声優／キャラ・ライブコンサートに見られるリアリティの複数性——」（須川亜紀子編『2.5次元学入門』青土社、2024）など。

情動、メディア、政治
不確実性の時代のカルチュラル・スタディーズ

二〇二四年九月二〇日　第一刷発行

著　者　川村　覚文
発行者　小林　公二
発行所　株式会社　春秋社
東京都千代田区外神田二―一八―六（〒一〇一―〇〇二一）
電話〇三―三二五五―九六一一　振替〇〇一八〇―六―二四八六一
https://www.shunjusha.co.jp/
印刷所　株式会社　太平印刷社
製本所　ナショナル製本協同組合
装　丁　鎌内　文
定価はカバー等に表示してあります
　ISBN978-4-393-33408-9